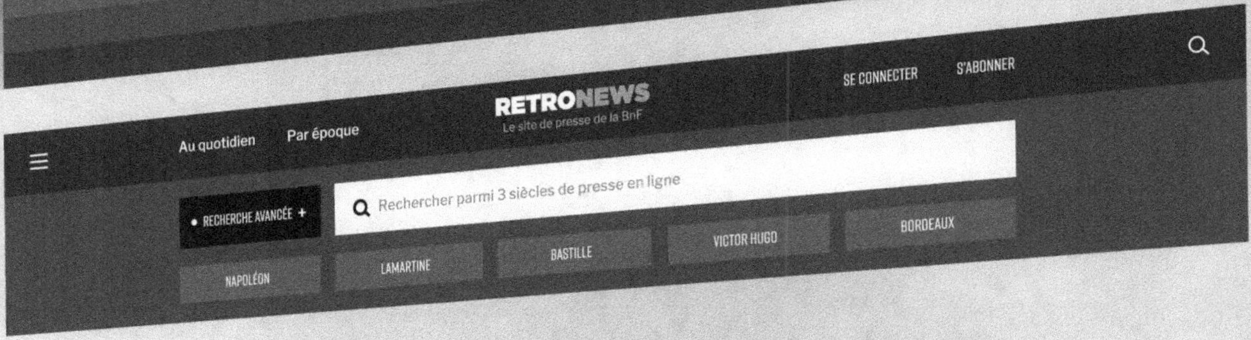

MÉMOIRES

DE LA

SOCIÉTÉ D'ARCHÉOLOGIE ET D'HISTOIRE

DE LA MOSELLE.

MÉMOIRES

DE LA

SOCIÉTÉ D'ARCHÉOLOGIE

ET D'HISTOIRE

DE LA MOSELLE.

ANNÉE 1860.

METZ

TYPOGRAPHIE ROUSSEAU-PALLEZ, ÉDITEUR

LIBRAIRE DE L'ACADÉMIE IMPÉRIALE

RUE DES CLERCS, 14

1861

NOTICE HISTORIQUE

SUR

UNE LETTRE INÉDITE

DE

HENRY IV

A

BERNARD D'ARROS,

Lue à la séance de la Société d'Archéologie et d'Histoire de la Moselle, du 12 Janvier 1860, par Ch. Cailly, avocat, docteur en droit.

Tout autre aurait pâly d'effroy ;
Mais pour courir à la victoire,
Tu ne consultas que ta foy,
Et ne gardas en ta mémoire,
Que le seul objet de la gloire,
Et le soin de servir ton Roy.

(*Ode de Tristan l'Hermite à Mgr le Maréchal de Schomberg ancien, gouverneur de Metz.*)

En France, où la gloire de Henry IV est un patrimoine national, les particuliers, dit M. Berger de Xivrey dans la préface du recueil des lettres de ce grand Roi, publié par les soins du gouvernement, ont rivalisé avec ce dernier pour contribuer à compléter l'œuvre de ce prince en apportant de toutes parts les fragments qu'ils en possédaient. C'est afin que notre Société réponde à ce noble empressement que j'ai obtenu de l'un de ses membres, qui a bien voulu déjà vous communiquer une lettre inédite de l'auguste chef de la maison des Bourbons de France, de vous en lire une seconde dont le titre seulement a été adressé par les soins de M. l'Inspecteur d'Académie de Metz à Son Excellence le Ministre de l'instruction publique. Une vénération trop grande pour la mémoire d'un glorieux ancêtre avait jusqu'à présent tenu cette lettre captive dans les archives de la famille d'Arros. Elle avait craint qu'il ne fût possible de voir, dans les termes dont s'était servi le roi de Navarre en écrivant à Bernard d'Arros, lieutenant-général du Béarn en 1573, un blâme sévère de sa conduite; et pour éviter toute interprétation fâcheuse sur ce point, ce n'est qu'en accompagnant la lecture de cette lettre des données historiques qui permettront d'apprécier la portée de la pensée royale qu'elle renferme, que j'ai été autorisé à la faire connaître dans tout son contexte.

Je vais donc, en remplissant autant qu'il m'est possible le but que désire atteindre notre Société, celui de conserver tous les monuments précieux pour l'histoire, acquitter d'une manière bien imparfaite sans doute, envers la famille qui a bien voulu me confier l'un des plus rares documents de ses archives, l'un certainement des plus vénérés, la promesse que je lui ai faite.

La lettre écrite le 8 juin 1573 par Henry de Navarre à Bernard d'Arros, son lieutenant-général en Béarn, nous reporte, par sa date, aux plus mauvais jours de l'histoire de ce pays et du nôtre.

C'était à Bernard d'Arros, en effet, que Jeanne d'Albret avait confié son fils Henry, au moment où, cédant au désir de son peuple, elle acceptait pour ce jeune prince la main de Marguerite de Valois et consentait à se rendre à Paris.

Pour défendre son royaume pendant son absence, pour éclairer son fils et au besoin le protéger, la reine de Navarre ne pouvait trouver un seigneur plus accompli que d'Arros. Bernard était un homme d'un âge déjà mûr, mais d'une vertu éclairée, d'un caractère ferme, d'une valeur indomptable et d'une fidélité que rien ne pouvait corrompre.

Maintes fois déjà Jeanne avait pu apprécier toutes ses qualités : ainsi, en 1555, elle n'avait pas craint de se fier à lui en lui livrant le secret d'état, et en lui permettant de le communiquer ou de le taire aux plus sages du Béarn. Grâce à l'intervention fidèle de ce zélé serviteur, elle avait vu repousser par ses sujets la proposition ou plutôt l'injonction que lui faisait Henry II d'unir son royaume à la couronne de France. Réveillé par d'Arros, l'enthousiasme populaire s'était manifesté avec tant d'ardeur pour des rois qui se confiaient dans une conjoncture aussi périlleuse à l'amour des Béarnais, que tout projet d'annexion du Béarn à la France fut rendu complètement impossible.

Peu de temps après, au moment où elle avait voulu reprendre à l'Espagne la Navarre dont cette puissance s'était emparée depui quelques années, elle l'avait vu calmer la mutinerie des contingents d'Aspe, de Bareton et d'autres lieux, et les forcer, au péril de sa vie, à passer le pont de Séran qu'ils s'opiniâtraient à ne pas vouloir franchir, sous prétexte que le souverain de Béarn n'avait pas le droit de les faire sortir de leur pays pour son service.

Enfin, en 1569, elle avait dû en quelque sorte à d'Arros et à ses fils la conservation de son royaume. D'après une commission de Charles IX, donnée à Metz le 18 mars de cette année, Antoine de Lomaigne, seigneur et baron de Terride, avait envahi le Béarn sous prétexte de le conserver à la reine, pendant qu'à la Rochelle Jeanne soutenait le courage et les armes des confédérés calvinistes. Cette invasion, malgré les honteuses défections qui l'avaieut précédée et dont chaque jour venait augmenter le nombre, n'avait pas effrayé d'Arros. Au milieu de périls immenses, sans espoir, il avait tenu pendant quelque temps la campagne, se bornant à écrire à sa souveraine : *Dieu veuille que ce soit pour le mieux, ce m'est autant de mourir en la campaigne pour le service de Vostre Majesté que ailleurs*. Et lorsque ses ennemis l'eurent obligé à cesser cette lutte, il vint se renfermer à Navarrens, capitale du Béarn. Dans cette ville, qui n'avait pour défense que quatre bastions protégeant, il est vrai, une muraille fort élevée, surtout du côté du levant, il soutint pendant plus de trois mois, du 27 avril au 9 août suivant, aidé par ses deux fils et par quelques gentilshommes dont l'histoire a conservé les noms, un siége en règle, formé par 12,000 hommes d'infanterie et 18 compagnies de cavaliers. La valeur de cette poignée de braves qui défendait la place fut telle qu'elle parvint non-seulement à résister aux attaques dont elle était l'objet mais encore à semer le désordre et le découragement parmi les troupes que l'arrivée subite de l'intrépide Montgommery vint enfin disperser.

D'Arros par sa famille appartenait, au reste, à la plus ancienne noblesse du pays. De temps immémorial les chefs de cette maison comptaient parmi les douze anciens barons de Béarn, et à ce titre ils avaient droit de siéger avec le roi à la Cour Maiour, sorte de Parlement chargé de réviser en appel les sentences des consuls et des sénéchaux et de faire respecter le Foo ou les Fors, c'est-à-dire les lois qui depuis le milieu du huitième siècle régissaient constitutionnellement le pays.

Aussi l'histoire nous montre-t-elle ses ancêtres versant largement leur sang sur les champs de batailles qu'illustrent les rois de Navarre ou remplissant à leur cour des charges où le courage peut seul l'emporter sur le dévouement. C'est ainsi qu'en 1344 En Denot baron d'Arros avait suivi Gaston IX, comte de Foix, contre les Anglais, et qu'en 1525 Arnaud avait aidé Henry d'Albret, grand-père de Henry IV, à s'échapper de la prison où, après la bataille de Pavie, Charles-Quint l'avait fait enfermer comme prisonnier de guerre[1].

Les services rendus par Bernard d'Arros et par son aïeul à la famille d'Albret furent sans doute les causes qui décidèrent le jeune Henry à conserver d'Arros dans les fonctions de lieutenant-général de Béarn, lorsqu'après la perte de sa mère il se vit enfin obligé de se rendre à la cour de France. Aussi d'Arros fut-il le premier auquel il prit soin de notifier la mort de Jeanne d'Albret en lui enjoignant de tenir la main à l'exécution des ordonnances civiles et religieuses de la feue Reine et en déclarant qu'il entèndait maintenir toutes choses

---

[1] Le Roy de Navarre Henry d'Albret avait été mis prisonnier au chasteau de Pavie, attendant que le Vice-roy de Naples fut prest de passer en Espagne d'où il n'espérait jamais de sortir, attendu la haine mortelle que luy portoi l'Empereur, qui n'eust fait conscience de l'empoisonner, comme on avoit faic D. Pedro de Navarre prisonnier à Simancas. C'est pourquoy il se résolut de se sauver, et pour ce faire ayant communiqué son dessein à quelques uns de ses plus fidèles et privés serviteurs, il fait provision d'eschelles de cordes, avec lesquelles une nuict, il devale de la tour où il étoit prisonnier et avec luy le Baron d'Arros de Béarn, et son valet de chambre Francisque, lesquels en habits déguisés se sauvèrent à Lyon. Le capitaine du chasteau avoit accoustumé de venir donner le bon jour au Roy tous les matins tirant son rideau pour voir s'il reposoit. Le Roy avoit faict coucher dans son lict François de Rochefor l'un de ses pages. Le capitaine venant à son accoustumée et voulant lever le rideau, il en fut empesché par un aultre page qui nettoioit les habillements du Roy, disant qu'il le laissast reposer, et qu'il s'estoit trouvé mal la nuict. Ainsy la fuicte du Roy n'estant cognue que sur le midy, il eut moyen de gagner pays avant que d'être chevalé par ce capitaine, puny par après de sa mauvaise garde. (*Histoire de Navarre*, par André Fayvin, avocat au Parlement de Paris 1612, page 738.)

Deux jours après son arrivée à Saint-Just-sur-Lyon, le 27 décembre 1525 le Roi de Navarre s'empressa d'annoncer son heureuse délivrance et son entrée en France à Hélie André. Cette évasion eut donc lieu vers le milieu de décembre de cette année. (*Documents sur l'histoire de France, Captivité du Roi François I*, p. 86.)

dans l'état qu'elle avait jugé sage d'établir. *C'est la volonté dernière de la Reine ma mère,* ajoute-t-il [1].

Et pourtant, lorsque le mariage de Bourbon eut été célébré avec Marguerite de Valois et que l'horrible massacre de la St-Barthélemy eut ensanglanté ses fêtes, les Béarnais consternés virent tout-à-coup paraître l'édit du 16 octobre 1572 qui rétablissait partout la religion catholique. C'était le premier acte de souveraineté de leur Roi qui, sous l'indigne menace de Charles IX, avait préféré la *messe* à la *mort*.

Cet édit ne put être exécuté en Béarn ; mais laissons l'historien des villes de France raconter les événements que fit naître cet acte d'intolérance.

« Prisonnier à la cour de Médicis, dit-il, Henry cédait aux plus « pressantes importunités; mais l'assemblée des Etats, tenue à Pau, ne « voulut pas sanctioner cette mesure, et les scènes de meurtres et de

---

[1] *A Monsieur d'Arros mon lieutenant général en mon royaume et souveraineté de Béarn.*

Monsieur d'Arros, j'ay resceu en ce lieu la plus triste nouvelle quy m'eust sceu aduenir en ce monde quy est la perte de la Royne ma mère que Dieu a appellée à soy ces jours passés estant morte d'un mal de pleurésie qui luy a duré cincq jours et quattre heures. Je ne vous scaurais dire Monsieur d'Arros en quel deuil et angoisse je suis réduit quy est sy extrême que m'est bien mal aysé de le supporter, toutes fois je loue Dieu du tous. Or puis quaprès la dicte Royne ma mère je succéde à son lieu et plasse il m'est doncq de besoing que je prenne le soing de tout ce quy estoit de sa charge et domination qui me fait vous prier bien fort, Monsieur d'Arros, de continuer comme vous avez fait en son vivant la charge quelle vous avait baillée en son absence en ses pays de deca, de la mesme fidélité et affection que vous y avez toujours monstrée et tenir principalement la main a ce que les edits et ordonnances faittes par sa Majesté soient à ladvenir, comme je désire, géz et observéz inviolablement de sorte qu'il ne soit rien attenté ni innouvé au contraire, à quoy je m'assure que vous vous employeréz de tout vostre pouvoir et vous, croyez qu'en recompense je n'oublieray jamais tous vos bons offices pour vous les recognoitre la ou j'en auray le moyen d'aussy bon cœur que je prie Dieu, Monsieur d'Arros, vous thenir en sa sainte garde, de Chaunay le traize jour de juin mil cinq cent septante deux.

Votre bon maître et amy,
HENRY.

Je vous prie thenir la main surtout à la observation des ordonnances ecclésiastiques, car la dicte feu Roine ma mère m'en a chargé particulièrement par son testament. (*Lettre inédite lue à la séance de la Société d'Archéologie de la Moselle, du* 11 *août* 1859.)

« troubles se renouvelèrent. A peine, en effet, a-t-on appris dans la « capitale du Béarn que le comte de Grammont est chargé de faire « exécuter à main armée l'édit du prince, que les ministres protes- « tants ordonnent des prières publiques et des jeûnes. Des discours « fanatiques répétés en tous lieux excitent les esprits à la résistance. « Ce fut à l'un de ces prêches ardents, où les orateurs de la réforme « exaltaient les âmes jusqu'au délire, qu'assista le baron d'Arros, « vieillard octogénaire et aveugle. Quand on l'eut porté du temple « dans sa maison, il appela son fils d'un ton prophétique, et tout « enflammé d'un zèle pieux il l'interrogea ainsi : « Mon fils, qui « vous a donné la vie? » A quoi le fils répondit : « C'est à vous, mon « père, que je la dois après Dieu. — Or, votre Dieu ainsi que votre « père, poursuivit le vieillard, vous redemandent cette vie. Allez, « mon fils, et pour accomplir l'entreprise à laquelle je vous invite, « n'ouvrez point les yeux sur le nombre de ceux qui vous accom- « pagneront, mais seulement sur leurs vertus et leur courage; ne fixez « point vos ennemis pour les compter, mais seulement pour les frap- « per de mon épée que Dieu bénira dans vos mains. » Animé de « l'esprit de fanatisme que son père a soufflé sur lui, d'Arros ne « rêve plus que martyre pour lui, triomphe pour sa cause; il court « se mettre à la tête d'une troupe de trente-huit hommes et, cachan « soigneusement sa marche, se dirige avec une célérité extraordinaire « vers Hagetmau, où le comte de Grammont s'est rendu avec deux « cent cinquante gentilshommes catholiques. Ce n'est plus un homme, « c'est un aigle qui se jette avec ses aiglons affamés sur une proie « longtemps convoitée. Une attaque imprévue le rend maître du châ- « teau, dont les bâtiments et la cour sont encombrés par une mul- « titude d'hommes de toutes les conditions. Profitant de cet avantage, « d'Arros frappe, massacre et disperse tout ce qu'il rencontre : Etchar, « président du conseil souverain, est égorgé sous les yeux du comte « de Grammont; et ce seigneur va partager lui-même le sort de sa « suite, quand un cri perçant et une main tremblante détournent « le coup. C'est la belle Corisande d'Andoins qui s'est jetée entre « les meurtriers et son beau-*père* [1], et le fanatique général a retenu « son bras, vaincu par tant de grâces et de larmes. Mais c'est là une « faiblesse aux yeux du vieux d'Arros, et lorsque son fils, fier de son

[1] Voir *Recueil de lettres missives de Henry IV*. Tome I, page 80, note 1.

« rapide succès, se présente devant lui, suivi de son prisonnier, le « vieillard gourmande ainsi son indulgence : « Comment, vaillant « Machabée, s'écrie-t-il, vous avez laissé vivre ce Nicamor ? vous « avez sauvé celui qui vous détruira, le corbeau qui vous crèvera les « yeux ! »

Grammont, prisonnier, ne fut pas mis à mort, ainsi qu'aurait pu le faire craindre l'état d'exaspération des partis religieux et surtout les souvenirs que venait réveiller sa conduite récente. Car en Béarn il n'était plus ce fidèle sujet auquel, pour récompenser ses services, la reine Jeanne donnait comme épouse à son fils aîné la riche et belle héritière d'Andoins, cette femme qui venait de lui sauver la vie. C'était l'homme duquel Jeanne disait à Caumont de la Force, l'un des protestants qu'elle affectionnait le plus, en lui parlant de ses sujets révoltés en 1566 contre son autorité, que ce qui l'affligeait le plus douloureusement c'est que les rebelles publiaient qu'ils avaient pris les armes à l'instigation même de M. de Grammont et qu'ils voulaient le prouver. C'était enfin ce serviteur d'une foi douteuse, qui, durant toute l'année 1569, pendant que sa patrie, ravagée par les armées françaises et noyée dans le sang, implorait son secours, s'était opiniâtrément maintenu dans une neutralité équivoque et n'était pas venu se renfermer à Navarrens ou combattre à côté de Montgommery.

La vie lui fut conservée ; mais elle courut d'imminents dangers par l'étroite détention à laquelle Grammont fut soumis. Henry IV lui-même va nous l'apprendre par la lettre complètement inédite que voici, confiée au sieur de Rambouillet pour être portée et remise à d'Arros, lieutenant-général de Béarn[1].

A Monsr Darros mon Conseiller, Chambellan ordinaire et Lieutenant-Général en mes pays Souverains.

Monsr Darros d'aultant que mes précédentes lettres et le commandement que je vous ay fait cy devant, pour la délivrance de Monsr de Gramont n'ont pas sorty l'effect que

[1] Sur l'adresse de la lettre on lit : *le Roy du* 8 *juin* 1573, et à côté : *porté par M. Rambouillet*. Ce fut sans doute Nicolas d'Angennes, seigneur de Rambouillet, de la Villeneuve et de la Moutonnière, vidame du Mans, qui devait en 1589 se distinguer dans la négociation relative à la réconciliation de Henry III avec le Roi de Navarre, qui fut chargé de remettre la lettre à d'Arros.

je désirois; n'ayant recu l'obéissance que tout prince demande de son subjet; je vous envoye le Sr de Poigny l'un de mes chambellans, afin que par la confiance que j'ay de luy, estant Gentilhomme que j'estime, et tient près de ma personne, vous adjoustiez plus de foy à ce qu'il vous dira de ma part, vous priant le croire comme moy mesme qui luy ay donné charge de vous exprimer bien au vif ce que j'en ay dessus le subject; et d'entendre particuliérement ses raisons et ce qui pouroit empêcher la liberté dudit Sr de Gramont, et le rétablissement de ce qui est nécesaire pour le repos de mon peuple dont vous pourey conférer ensemble. Je me suis retenu quelques jours de répondre à vos lettres que j'ay recues par Mazelures mon secrétaire, et depuis par le courier St Martin, attendu que de vous mesme vinsiez à recongnoissance soit pour le respect de moy, ou le conseil de vos amis, ou bien quelques autres bon instinct qui vous fait effectuer le second commandement que vous en pouviez attendre, sans me donner la peine de vous rechercher d'avantage, mais je voy tout le contraire; qu'au lieu de mettre Monsr de Gramont en liberté vous luy avez renforcé sa garde et le tenez plus à destroict avec pire traittement qu'au commencement dont je le trouve en danger de sa santé. Cependant je n'ay point esté oysif, ayant temporisé pour bien, et meurement considérer tout ce que m'avoy ecrit, et par l'un et par l'autre lettres, vous excusant de sa prise, et n'ay rien oublié de la justiffication par vous alleguéz que je me les ayt mises en la plus juste ballance que l'on se puisse proposer pour les contrepoizer à ce qu'en suite de l'excey par vous commis, mais elles ne sont point vastantes pour effacer le mécontentement que justement je recoy d'un tel exploit attanté contre mon autorité et dignité souveraine laquelle au lieu de sa splendeur que vous devriez conserver se trouveroye mise si bas et tellement foullée au pieds qu'elle seroye en mépris à tout homme de jugement si je ne la relevois, et qu'ainsi je ne puis qu'avecque perte et diminution de ma réputation, ravoir en paiement vos soupçons, vos jalousies et tous ces autres prétextes dont voulé vous couvrir desquels n'est chose que vous alleguiez quelques apparance quelles ayent je ne mettray point en compte pour y avoir aucun égard que n'ayant premièrement remis le dit Sr de Gramont en sa première liberté avec commandement à Monsr Darros, je veux entend et ordonne que promptement et sans différer vous obéissiez au commandement et injonctions que je vous ay cy devant faittes sans en attendre de moy plus ample déclaration, la quelle je vous promet pourroit bien estre suivye de si tristes événements que la mémoire n'en seroy que très-fâcheuse à l'avenir, mais cette bonne opinion qui reste encore de vous, que ne vouldrey tant attendre et puis mériter en cette ennuy ains me promet que vous y satisferey, en quoy faisant j'oublieray non seulement le déplaisir que j'ay senty de cette facheuse entreprise, mais reprenant la première réputation en laquelle je vous avoys, continueray la même faveur et bonne volonté que je vous ay toujours porté, vous tenant pour bon subjet et fidel serviteur, à ce faittes donc faveur de donner au dit Sr de Gramont toutte seureté requise pour sa retraicte, luy ayant écrit et mandé qu'il me vienne trouver incontinent, la part que je feray au demeurant, si me voulez persuader et faire croire combien vous désirez conserver et maintenir mon estat et mes subjects et que le chemin qu'avez prix ne tendoit à autre but mettant touttes choses passées dessous le pied et perdant l'oppinion qu'on auroyt quelles dussent estres entreprinses à la dévotion d'ung party tant seulement il est besoin que vous traittiez bien chacun également les remettant en leurs biens, afin que tous soient contents et d'une mesme volonté aspirent à m'obéir comme à leur premier maître légitime sans qu'auqu'un se puisse plaindre de n'estre conservé par ma justice en ce quil luy appartient, estant bien raisonnable aussi que ceux qui sont chatholiques ayent l'usage et exercice ordinaire de leur religion, a quoy je veulx Monsr Darros puisque j'en fais profession, et qu'en sainte conscience je ne les en puisse priver, que vous y pourvoyez de sorte qu'ils n'en soient empêchez n'y molestez en icelle, que vous y teniez la main avec tel ordre et réglement que vous y seaurez bien donner, autrement, si ne le faittes, je penseray certainement que vous auré voulu non seulement empêcher l'entrée de mon pays au dit de Gramont mais en bannir l'autorité et l'obéissance qui m'est deuë, laquelle selon que vous vous montreray prompt et volontaire exécutteur de cette mienne volonté j'estimeray vous estre en telle réverence qu'elle a par cy devant esté et que vous affirmées estre encor, et d'autant que plusieurs qui sont absents pouroient doubter de leur seureté en leur personnes ou biens, vous ne fauldrez de les prendre sous ma protection et sauve garde spécialle lesquels pour cet effet je commet en votre garde permettant à ceux qui ne vouldront résider qu'ils puissent aviruter [1], leurs fruits recueillir ou percevoir partout que bon leur semblera moyennant je veux et entend que chacun soit remis en la jouissance des droits et inspatronat qu'ils ont, dont a esté tant de guerre afin qu'il ne puissent rester une pareille occasion qui donne mécontentement, vous donnant par la présente plein pou voir et autorité de ce faire avec certaine assurance que si vous l'éxécutey vous me rendrey satisfait et vous continuray tout le bon traittement que scaurey espérer de moy, et pour fin je vous diray que je trouve fort mauvais à ce qu'on m'escrix de touttes parts que mes sujets de Bears et ceux qui sont de leurs trouppes courrent ordinairement les terres pillent et ranconnent les subjets du Roy Monseigneur dont je suis déplaisant, chose par moy si expressement déffendue

---

[1] Ce mot n'existe dans aucun des vocabulaires que j'ai consultés, cependant il doit être de l'ancien langage français et vient sans doute des mots latins *à viâ ruere*, s'écouler par la voie, s'en aller.

pour estre contre le devoir et obligation que j'ay à Sa Majesté, laquelle ne pourroy souffrir d'estre plus offencey sans les en faire ressentir, partant je vous commande sur tant que me portey d'honneur et de respect et que craigney d'encourir mon indignation les empêcher et retenir par tous moyens que vous pourré, qu'ils ne se précipitent en telle témérité pour me provoquer d'avantage son ire et son couroux et de Monsieur le Roy de Pologne et de......... qui nous péseront sur les bras, et causeront en mon pays une totalle ruyne laquelle j'ay détournée jusques icy pour le désir que j'ay eü de vous conserver et garder et pour ce que le dit Sr de Poigny vous fera plus amplement entendre touttes particularités ayant commandé au Sr de Ravignan et au reçeveur Recugnes l'accompagner et assister je ne vous en diray davantage pour faire fin, et prier Dieu Monsr Darros vous avoir en sa sainte et digne garde. Ecrit au champ de Nyeul près la Rochelle le VIIIe jour de Juin 1573.

Votre bon maître et amy

Henry.

Je vous prie croire ce qu'il vous dira de ma part, car je luy ai dit ma volonté particulièrement [1].

Cettre lettre a un intérêt historique incontestable. Elle indique évidemment que le jeune roi de Navarre n'avait en aucune façon autorisé l'acte de violence dont Grammont avait été l'objet, et par le

---

[1] Sur la copie de cette lettre faite le 1er octobre 1751 et certiflé par MM. Barre et Bournac, notaires royaux à Metz, il est mentionné que cette phrase est écrite de la même main que celle qui a tracé la signature. D'après le fragment de la lettre originale que possède encore la famille d'Arros j'ai vu que cette lettre avait été déchirée suivant un pli formé sur la ligne marquée par des points dans la copie. Ce fragment renferme la fin de la lettre à partir de ces mots : *qui nous péseront sur les bras*. Le corps de la lettre est d'une écriture qui n'a aucune ressemblance avec celle du Roi, mais la mention qui accompagne sa signature est évidemment de sa main.

langage plein de fermeté dont il se sert pour obtenir la mise en liberté immédiate de ce gentilhomme, elle vient défendre sa mémoire contre d'odieux soupçons. Des auteurs en effet ont écrit qu'il avait pu susciter la révolte contre l'exécuteur de l'édit. Un semblable reproche méconnaît évidemment le temps où il vivait. Eût-il voulu le faire, il est certain qu'il n'aurait pu y réussir. Il ne faut pas oublier en effet que dans ce moment Henry était prisonnier à la cour de France, et qu'il était soumis à une surveillance incessante au milieu de *cette cour étrange*, comme il l'écrit à Miossans, où, pour défendre ses jours, il *était obligé de porter dagues, jaques de mailles et bien souvent la cuirassine soubz la cape*. La moindre infraction à la foi religieuse qu'il venait de promettre aurait été bientôt punie de la perte de la vie. D'ailleurs les termes de sa lettre prouvent jusqu'à l'évidence que volontairement au moins il n'aurait rien fait pour porter atteinte à son autorité, à sa dignité souveraine, et la mettre comme il le dit lui-même *si bas et tellement foulée aux pieds qu'elle seroit en mépris à tout homme*. Mais ce que l'on peut dire, c'est que Henry ressentit sans doute quelque joie secrète de l'acte énergique de d'Arros, car l'on ne peut guère douter qu'il ne lui ait conservé son royaume. C'est sans doute à cette circonstance qu'il faut rapporter cette promesse faite par le Roi dans sa lettre, de tout oublier si l'ordre de délivrer Grammont est suivi d'une prompte exécution. Cette supposition se change au reste bientôt en certitude si l'on s'en rapporte aux lettres-patentes accordées le 10 mai 1575 à d'Arros, au moment où, par suite de son grand âge et sur sa demande, il était remplacé dans ses fonctions par le sieur de Miossans. Le Roi y ratifie dans les termes de la plus haute estime pour son lieutenant-général tous les actes, quelle que soit d'ailleurs leur nature, faits par d'Arros pour la *tuission et conservation de ses pays et état* [1].

---

[1] *Lettres patentes du Roy par lesquelles il approuve tous les actes faits par le s[r] Darros ès qualités de Gouverneur et lieut[t] général de Bears du 10 mars 1576.*

(EXTRAIT DES REGISTRES DU PARLEMENT).

Henry par la grace de Dieu Roy de Navarre seigneur souverain de Béarn et et de Donezan, duc de Vendomois, de Beaumont, d'Albret, compte de Foix, d'Armagnacq, de Marlade, Rodez, de Bigorre, de Perigort, viscompte de Limoges, de Marsan, Tursan, Nebouzan, Lautrecq et Villeneuve, A tous ceux qui ses présentes lettres verront, salut, comme cy devant, nostre très-cher et bien

La conduite de Bernard ne peut donc être l'objet du moindre soupçon, et la fidélité du serviteur envers son maître est attestée par une main trop auguste, par un cœur trop bon juge de l'honneur pour

---

amé le sieur Darros nostre conseiller et chambellan ordinaire par la feue Royne nostre très-honorée dame et mère durant son abscence eust esté ordonné lieutenant général et gouverneur tant en nos royaumes que pays souverain de Béarn; et après le trépas d'icelle nostre dicte dame et mère par nous continuée pour y faire exercer ladicte charge et estat de nostre lieutenant général comme il a fait jusques à présent avec telle fidellité intégrité dextérité que nous pouvons désirer d'un personnage digne d'un tel honneur et estat pour en iceluy représenter nostre personne et en nostre nom et authorité les occurances et nécessités de notre service il ayt fait assembler en armées tel nombre de nos subjects qu'il a advisé et iceux employez tant en nos dicts pays que ailleurs ou bon lui a semblé pour la tuission et deffense desdicts pays et conservation de nostre estat, et neantmoinx ordonné sur la munition et fortification de nos villes et places fortes de toutes choses nécessaires tant en nostre royaume que pays souverain ensemble que toutes et chascunes nos finance et autres deniers publicques, dépôts judiciaux et autres particuliers, et fait plusieurs autres commandements et exploits, tant pour le fait de la guerre que autres, comme l'occasion et nécessité l'aurait requis et depuis à cause de l'indisposition du dit s^r Darros et à sa prière et requête nous ayons en son lieu et place mis et ordonné nostre très-cher et bien amé cousin le s^r de Miossens premier gentilhomme de nostre chambre, et pource que nous ne voulons que les services tant recommandables et remarcables que nous a faict le dict s^r d'Arros en l'administration de sa chambre passent sans attestation de nostre volonté et consentement, SCAVOIR FAISONS que nous dénonçons et amplement certiffions de tous les actes et comportemens dudit s^r Darros et de toutes les exécutions et assemblées en nosdits pays et ailleurs soit en forme d'estats généraux et particuliers, en armes ou en telle façon quelconque que aurait advisé employant pour ce fait tant nos subjects que autres ses amis et que le tout a esté fait pour le bien de notre service; Avons entièrement acquitté et deschargé et par theneur de ces présentes, acquittons et deschargeons ledit s^r Darros de tous et chascuns exploits, actes, expéditions et exécutions que auroit faits et faits faire par ses capitaines soldats et deputés en quelque endroit, temps et lieu et pour quelque occasion que ce soit ensemble de toutes et chascunes sommes par lui ordonnées être prinses levées et employées pour les effets susdits de sa charge, comme aussy par mesme moyen nous acquittons tous ceux qui par son commandement se sont employez au devoir de la dicte charge sans que le dict s^r Darros ne autres puissent estre par nous ou nos successeurs ny autres recherchés. SY DONNONS en mandement à nos amés et féaux conseillers, les gens tenans la chancellerie de nostre royaume, cour souveraine de Bearn, seneschal audit pays et à tous autres nos justiciers

que l'éclat de son nom puisse être terni par la publicité donnée à la lettre du 8 juin 1573.

Cette lettre a encore un autre mérite: c'est celui de fixer d'une manière précise la date de l'événement auquel elle se rapporte et de détruire l'erreur de Mézeray qui, dans son abrégé de l'histoire de France, le suppose s'être accompli dans le courant de 1574. En rapprochant sa date de celle de l'ordre donné par le Roi de Navarre au capitaine Espalungue d'assister le sieur Grammont dans sa commission en Béarn, l'on peut dire que cet épisode de l'histoire de cette province a dû se passer dans le courant d'avril ou au commencement de mai 1573.

Peut-être enfin vient-elle aussi donner la clef de l'origine des sentiments d'une reconnaissance certainement trop tendre que conçut

---

officiers et subjects que au dict s^r Darros et autres dont il s'est aydé et servy en l'exécution de la dicte charge ils fassent jouir et user de nostre présent acquit et descharge plainement et paisiblement, sans permettre aucun destorbier ou empêchement y estre fait et ordonné au contraire, et neantmoinx à nos amez et féaux les gens tenans nostre chambre de comptes de quelque nature qu'ils soient exposées et dépendiées par ordonnances et mandements dudit s^r Darros sans faire difficulté au thrésorier et reçeveur général desdictes finances ou autres thrésoriers et reecveurs particuliers à qui lesdits mandements seroient adressez, et afin que personne n'en prétende cause d'ignorance; mandons à nostre procureur général requérir la lecture, publication et registre de nostre présent acquit descharge et déclaration tant en nostre conseil, chambre de comptes et cours du séneschal, car tel est nostre plaisir, en tesmoin de quoy nous avons à ces présentes signées de nostre main fait mettre et apposer nostre scel. Donné à Paris le dixième jour de may l'an mil cinq cent soixante et quinze. Signé Henry. *Et au dos* par le Roy seigneur souverain de Béarn. *Contresigné* Martet *ab lo grand saget y pendent ainsi signé* Salefranque.

Lecta publicata et registrata requirente procuratore regio, en audience publicque lou sept de mars mil cinq cents septante et sieys per my sus signat notaire en la cause, et mandat seran aussy publicades en los courts de las senéchaussées et registrades à eternalle mémory, ainsy signat Salefranque.

Collationné sur l'original signé par Salefranque conseiller du Roy et garde sacs au parlement de Pau à la requête de Messire Jean d'Arros sieur de Lamotte capitaine au régiment de Languedoc et correction faite de mot à mot, sans y avoir rien ajouté ni diminué, le tout a été retiré par le dit s^r d'Arros qui a signé avec moy, Jean de Labarthe notaire pour le Roy du lieu de Viven, fait à Viven le dix sept juin mille six cent quatre vints trois.

Signé Darros Lamotte et Labarthe n^re.

pour le vainqueur de Coutras la séduisante Diane, comtesse de Guiche. Pour nous, qui connaissons ces sentiments, il nous est permis de penser que d'Arros eût sans doute épargné le reproche à son fils d'avoir sauvé Grammont s'il eût pu savoir qu'un jour, durant la ligue et pour la combattre, la belle Corisande vendrait ses diamants, engagerait ses biens et enverrait à plusieurs reprises à Henry des levées de 20 à 25 mille Gascons enrôlés à ses frais.

Les souvenirs qui ont précédé la lecture de la lettre du roi de Navarre et ceux qui l'ont suivie m'ont paru de nature à en faire ressortir la valeur historique; mais en la produisant n'ai-je pas entraîné la Société à quitter le cours habituel de ses études sur l'histoire locale? Si ce reproche m'était fait, je me bornerais à répondre que depuis longtemps déjà la famille qu'ils concernent a confondu avec l'affection vouée à sa patrie, celle qu'elle porte à son pays d'adoption, et que c'est à ce dernier qu'il appartient aujourd'hui de conserver la mémoire des faits qui honorent les noms de ses enfants.

Depuis 1703 la famille d'Arros habite Metz. Le 20 août de cette année, Jean d'Arros de la Mothe, descendant de Bernard, y était reçu conseiller, chevalier d'honneur d'épée au Parlement. A partir de ce moment ses armes écartelées aux 1er et 4e quartiers d'or à la roue de gueule et aux 2e et 3e quartiers d'argent à trois chevrons d'azur, n'ont cessé de briller parmi celle de la noblesse de notre antique cité. Encore aujourd'hui même ce nom glorieux n'est point éteint dans nos murs [1] qui gardent la mémoire des services récents de Joseph-Philippe-Charles comte d'Arros [1], dont l'utile et brillante carrière se termina en 1855 dans cette ville. C'est donc à Metz que revient le soin et l'honneur d'enregistrer les titres de gloire de l'une de ses plus illustres familles.

SOURCES. Olhagaray, *Histoire des comptes de Foix, Béarn et Navarre.* — André Favyn, *Histoire de Navarre.* — Mlle de Guise, *les Amours du grand Alcandre.* — Fr. Alex. La Chenaye-Desbois, Paris, 1757, *Dictionnaire généalogique, héraldique, etc.* — Faget de Baure, *Essais historiques sur le Béarn.* — Mlle Vauvillers, *Histoire de Jeanne d'Albret.* — Berger de Xivrey, *Recueil de lettres missives de Henry IV.* — Aristide Guilbert, *Histoire des villes de France.* — Emm. Michel, *Biographie du Parlement de Metz.* — *Vœu national,* année 1855.

---

[1] *Voir Discours de M. le baron de Gerando, procureur général impérial près la Cour de Metz, Vœu national,* n° 2261. — 16 *novembre* 1855. »

NOTICE

SUR

LOUVIGNY,

PAR

M. MAGUIN, Avocat.

Louvigny [1], Loveney d'après les titres et les chroniques, Louyn-sur-Seille d'après Bossuet, qui en parle dans l'oraison funèbre de messire Henry de Gornay, seigneur de ce lieu, est situé à quatre lieues de Metz, et à deux ou trois portées de fusil de la rivière de Seille. Les substructions gallo-romaines que l'on aperçoit encore aujourd'hui sur une étendue de plusieurs hectomètres à l'ouest de Louvigny, attestent l'ancienneté du village et l'emplacement différent qu'il occupait beaucoup plus près de la rivière et des villages de Longeville et Cheminot.

Du vieux Louvigny, il ne reste aujourd'hui que l'ancien château-fort. Ses tours sont aujourd'hui dérasées presqu'au niveau des courtines ; ses fossés en partie comblés, mais il commande encore les deux replis de terrain entre lesquels il est situé, et l'aspect sévère de sa masse rappelle qu'il était autrefois, d'après M. Huguenin, un des plus forts châteaux du pays messin [2].

Pour arriver au château, il faut traverser une grande

---

[1] Chroniques de Metz, p. 226, année 1444.

[2] On a plusieurs fois trouvé sur le territoire de ce village, dans les alluvions anciennes de la Seille, des ossements fossiles d'éléphants et de rhinocéros.

cour entourée de bâtiments de ferme dont les murs extérieurs, percés de meurtrières et flanqués de tours rondes de distance en distance, servaient probablement autrefois de lices destinées à protéger contre un coup de main la partie la plus exposée à ces sortes d'attaque, la façade de l'est dans laquelle s'ouvrait la porte principale du château.

Une fontaine, supprimée depuis la révolution, jaillissait au milieu de la cour du château et alimentait les fossés larges de 47 pieds, profonds de 21, munis dans leur partie inférieure d'une épaisse couche de ciment encore intacte aujourd'hui sous les sept pieds de terre qui la recouvrent.

Un pont de trois arches, jeté sur le fossé du côté de l'est, établissait une communication entre la grande porte et la contrescarpe. Le pont-levis qui venait s'abattre sur la troisième arche a été supprimé vers 1780, sous l'avant-dernier seigneur messire Faure de Fayolle, et remplacé par une quatrième arche. La herse a également disparu. L'écusson en pierre qui surmonte la frise est tellement dégradé qu'il est impossible aujourd'hui de savoir à quelles armes il est écartelé.

Autour de la cour intérieure s'élèvent les bâtiments du château disposés en un vaste rectangle dont les angles sont flanqués de quatre grosses tours. Trois de ces tours pouvaient être fermées à la gorge, de manière à tenir contre un ennemi qui aurait forcé l'enceinte ; leur diamètre dans œuvre est de $4^m,80$, l'épaisseur de leurs murailles de $1^m,50$.

Les tours, quoique dérasées, s'élèvent encore de 20 mètres au-dessus du sol du fossé qui leur sert d'assiette.

L'élévation des courtines est de $16^m,50$ et dépasse, par conséquent, le minimum donné aux bonnes défenses pour les mettre à l'abri des échelades. Une poterne étroite, percée dans la façade de l'ouest, au niveau de la contrescarpe et communiquant avec elle au moyen d'un pont[1] aujourd'hui

---

[1] Ce pont, construit en bois et d'une longueur de 25 mètres, reposait sur des piles en maçonnerie, et pouvait être facilement enlevé ou détruit par les assiégés.

démoli, permettait aux gens du château de faire une diversion rapide sur les derrières de l'assiégeant attaquant le château sur tout autre point. De plus, la muraille, dans laquelle est percée la poterne, présente une épaiseur plus considérable, 2m,11 et 2m60, et vis-à-vis, à la tête du pont volant, on aperçoit encore aujourd'hui un monceau de terre et de décombres, qui atteste la présence d'une barbacane destinée à défendre l'écluse et les approches du château du côté de la campagne.

La possession de l'écluse présentait en effet une certaine importance au point de vue de l'attaque et de la défense. L'écluse levée ou démolie, le fond du fossé était mis à sec et permettait au chat [1] de s'avancer librement vers la base du château, abritant les hommes d'armes qui devaient saper les murailles, placer des étançons et les enflammer ensuite.

En avant de la tour du sud-est, on remarque une terrasse de construction récente. L'artillerie, placée sur cette terrasse, pouvait balayer la cour, prendre le pont en écharpe et battre une partie des fossés. Lorsque M. de Bazelaire quitta le château en 1789, les deux pièces de canon qui s'y trouvaient alors furent enlevées et conduites à Nancy par ordre du gouvernement [2].

Deux caveaux placés l'un dans la tour sud-ouest, l'autre dans la tour nord-est, méritent de fixer l'attention du visiteur.

L'un d'eux ne communique avec le reste du château que par une ouverture pratiquée dans la partie supérieure de sa voûte.

Cette ouverture servait tout à la fois, au dire des habi-

---

[1] Chats, gats ou gates, le musculus romain que décrit César au siége de Marseille, sortes de galeries en bois couvertes de merrains, de fer et de peaux, que l'on approchait du pied des murs et qui permettaient aux assaillants de faire agir le mouton, le bosson (bélier des anciens), ou de saper les tours ou courtines au moyen de pic-hoyau, ou encore d'apporter de la terre et des fascines pour combler les fossés. (V. Viollet-Leduc. *Architecture militaire au moyen âge*).

[2] D'après la tradition, par J. Ruzé, ancien cultivateur à Louvigny.

tants actuels du château, à descendre les prisonniers et à leur faire parvenir la nourriture de tous les jours. Cette voûte n'a pas été étançonnée au moyen de cintres et de planches, elle a été construite sur des fragments carrés de bois, disposés comme des claveaux et reposant sur des pierres entassées entre les pieds droits. Ce genre de construction était usité surtout à l'époque des Carlovingiens.

Il paraît fort difficile au premier abord de déterminer l'époque à laquelle le château a dû être construit. Si l'on ne considère que la base du château, les salles fortement voûtées du rez-de-chaussée, il remonte au quatorzième ou au quinzième siècle; si l'on considère, au contraire, la partie supérieure, il paraît appartenir au dix-septième siècle; les fenêtres sont larges, de construction plus récente, et l'on cherche vainement à la base des parapets qui reçoivent aujourd'hui la chute des combles, les trous percés régulièrement qui recevaient en temps de guerre les hourds [1] et les bretèches.

La tradition heureusement conservée par les habitants s'est chargée d'expliquer cette apparente contradiction. D'après la tradition, le château a été construit vers 1428, puis démoli en partie par les Suédois en 1633, en même temps que la maison-forte de Moince, située sur le ruisseau de ce nom et dépendant de Louvigny.

Après l'invasion des Suédois, les seigneurs de Louvigny rentrés en possession, c'était alors messire de Seumeuze, en reconstruisant la partie supérieure du château, ne pouvaient conserver les dispositions anciennes qui ne se trouvaient nullement à la hauteur des nouveaux moyens d'attaque.

---

[1] Ouvrage en bois que l'on plaçait en temps de siége au sommet des tours et courtines de cette galerie qui faisait saillie au-dessus du fossé; de là on faisait pleuvoir des projectiles sur les assiégeants qui voulaient saper la base du château.

Les mâchicoulis et les archières disparaissent pour faire place à des fenêtres plus spacieuses, et le château reçoit à l'intérieur des dispositions plus en rapport avec sa destination nouvelle.

Cependant telle était encore à cette époque la puissance de la tradition féodale que les seigneurs rentrés en possession ne purent se résoudre à remplacer les hautes tours par des ouvrages bas et étendus; pour eux le grand donjon de pierre épais et bien fermé était toujours le signe de la force et de la domination. Aussi le château, et c'est là une remarque générale faite par les auteurs [1] qui traitent cette question, le château passe-t-il brusquement, dès le seizième siècle, de la fortification du moyen-âge à la maison de plaisance.

Tout monument parle à l'esprit; s'il est bien fait, il remplit la mission que son étymologie nous révèle, il fait connaître le but dans lequel il a été créé, et par conséquent l'esprit et le caractère de l'époque qui lui a donné la vie. Celui-ci nous parle de féodalité, et ses grosses tours, qui semblent prendre à témoin les siècles dont elles portent l'empreinte, affirment l'existence de races batailleuses et nous inspirent en même temps le désir de connaître leur histoire aujourd'hui presque totalement effacée de la mémoire des habitants. Grâce au bienveillant concours de plusieurs de nos confrères, j'ai pu recueillir quelques fragments de cette histoire.

Au commencement du quatorzième siècle et avant 1315, la seigneurie de Louvigny mouvait du fief d'Édouard, comte de Bar. Le comte de Salm, dont le domaine était peu éloigné des terres de l'abbaye de Sénones, avait la moitié de la seigneurie et l'une des trois maisons-fortes: l'autre moitié et les deux maisons-fortes, dont l'une

---

[1] V. Viollet-Leduc.

s'appelait le Saulvage, l'autre le Gouyet, appartenaient à messire Arnould le Sauvage de Louvigny. Cette moitié de la seigneurie, ayant été aliénée sans le gré du suzerain, devait lui faire retour d'après le droit et la coutume. Toutefois, par lettres cancellées datées de mai 1315, lundi après la Trinité, le comte de Bar, tout en constatant son droit, consent à transporter ses droits à Arnould, écuyer, fils de Arnoult le Sauvage, et à ses hoirs, retenant toutefois le fief que le comte de Salm possédait à Louvigny [1].

Cette division de la seigneurie en deux parties explique le grand nombre de seigneurs de Louvigny, dont il est fait mention dans les titres de Lorraine; ainsi, de 1315 à 1396, nous les voyons se succéder à des dates fort rapprochées.

Jacquemin le Gournay; Isabelle, veuve de Geoffroy le Mosellain; Collignon de Xiel, citain de Metz; Nicolas Mouretel de Metz [2].

En 1306, Regnault de Bar avait donné les dîmes de Louvigny à l'abbaye de Saint-Symphorien pour les soins à donner aux infirmes et aux malades. Jacques Ier était alors abbé de Saint-Symphorien, et les lettres de cette donation sont de la troisième série après le dimanche de *Lœtare* de l'année 1366 [3].

Un acte déposé aux archives de Louvigny contient le détail de ces dîmes et des droits du seigneur. En 1787, les deux tiers seulement de la dîme appartenaient à l'abbaye, l'autre tiers était au curé du village.

L'an 1387, le bienheureux Pierre de Luxembourg, évêque de Metz, voulait prendre possession de son siége, et son

---

[1] Inventaire des titres et papiers de Lorraine (ex manuscriptés D. Nicolaï, Tabouillot).

[2] Ibid.

[3] Meurisse, page 488, *Histoire des Évêques de Metz.*

frère, le comte de Saint-Pol, appuyait ces prétentions à la tête d'une armée.

Le jour de Saint-Benoît 1387, le comte de Saint-Pol[1], ayant pris d'assaut deux des fortes maisons de Louvigny, la garnison de la troisième, qui appartenait au seigneur Nicolle Martez, eut grand'peur, dit la chronique, et il fut décidé que le commandant de la garnison, Philippe de Chamenat, traversant les lignes ennemies à la faveur de l'obscurité, irait demander des secours au seigneur du château. Philippe partit, après avoir juré « sur les saincts en la chapelle de céans, de revenir à Loveney la nuit ensuyvant à quelqu'heure que ce fût. »

Mais « il en mentit sa foi, » car ni les menaces ni les prières ne purent le décider à se mettre à la tête des hommes d'armes que le seigneur envoyait au secours des assiégés, « ainsi lui répondit tout plat qu'il ne vollait perdre son corps, ne ses biens pour garder sa maison. De quoy ledit seigneur oyant la réponse, cuydait mourir de deuil et enraigier d'ire et de courroux[2]. »

Cependant Jehan Corbel, qui commandait en l'absence de Philippe, voyant que le secours n'arrivait point, s'était rendu à condition que lui et la garnison auraient la vie sauve.

« Adonc fut ordonné par le conseil, que Philippe de Chamenat, par son desmérite, serait banni de Metz et de toute l'Éveschié d'icelle pour soixante-un ans, et paierait d'amende la somme de 200 livres de metsain, affin que les autres y prinssent exemple. » Le comte de Saint-Polz demandait 12,000 livres pour rançon des trois forteresses et de la garnison de Louvigny. Sur le refus du conseil et des paraiges réunis pour délibérer à cet effet, il fit mettre le feu

---

[1] Polz, d'après Huguenin.

[2] M. Huguenin.

aux trois maisons-fortes, et partit emmenant avec lui 90 prisonniers de Louvigny [1].

En 1411, il y avait à Louvigny trois seigneurs et trois bans ; le ban Moëllain et la maison-forte [2] située devant l'église appartenaient à Jehan Drouin, chevalier.

Le ban Bazin et toute la forteresse à Jean Dieu Amy, chevalier.

Le ban le Sauvage et la forte maison du même nom, à sieur Jehan Drouin et à sieur Jean Geoffroy de Nancy.

En 1444, Renaud le Gournay étant s^r^ de Louvigny, le château (il s'agit du château actuel) et la maison-forte qui lui appartenaient furent assiégés par les troupes de Charles VII, roi de France, et de René Ier d'Anjou, duc de Bar [3] par la

---

[1] *Chroniques de la ville de Metz*. M. Huguenin, p. 116.

[2] 1411. Dénombrement donné par Jean Dieu Amy au duc de Bar, de toute la forteresse de Louvigny et le ban dit Baizin, en haute, moyenne et basse justice. (*Titres de Lorraine*, t. 6, p. 506.)

1422. Dénombrement donné par Collignon Drouin, citoyen de Metz, fils de messire Jean Drouin, chevalier, au duc de Bar, de la forte maison devant l'église de Louvigny, le ban Moëllain audit lieu, 2 l. 1/2 de messeins de rentes sur le ban le Savaiges audit Louvigny, la grange le Hotton près dudit Louvigny et dépendances, la garde de la maison de Moince, etc. (Ibid., p. 508.)

Dénombrement des villages et gagnages des environs de Metz au commencement du quinzième siècle.

Loveney tient à sieur Jehan Drowin, à sieur Jehan Dieu Ami et à sieur Jeoffroy de Nancey.

Premier il ait on ban sieur Jehan Drowin, xxii feux.
Il y ait . — xx
Il y ait — vj et ij grosse beste.
Etait on ban Baizin que tient à sieur Jehan Dieu Ami, xxiij feux.
Il y ait — c et ij grosse beste.
Il y ait — xiij et iiij menue beste.
Etait on ban le Savaige que tient à sieur Jehan Dieu Ami et à sieur Jeoffroy de Nancey.............. xviij feulx.

(Extrait de l'ouvrage de M. Paul de Mardigny).

[3] Voir *Essai historique sur la vie de la bienheureuse princesse Marguerite de Bavière*, par l'abbé J.-M. Curicque.

cession que lui avait faite son oncle Louis, cardinal de Bar, évêque de Verdun et duc de Lorraine, par son mariage avec la fille de Charles II et de Marguerite de Bavière.

Le château paraissait devoir faire une assez longue résistance, mais il tomba, ainsi que la maison-forte, entre les mains des assiégeants, par la trahison du châtelain qui, préposé par Renaud le Gournay à la défense de la place, en livra lui-même les portes à l'insu des soldoyeurs. Le châtelain était un nommé Le Harlay, maire de Cheminot, qui, après avoir trahi la confiance de son maître, prit parti pour les Lorrains, et Louvigny fut occupé par 66 chevaux du corps d'armée de Robert de Floque [1].

La position de Louvigny entre le pays messin et le duché de Lorraine l'exposait à des attaques continuelles, soit du côté des Messins, soit du côté des Lorrains; on ne savait même plus, à la fin du quinzième siècle, à qui les habitants devaient payer l'impôt. Ainsi le 1er août 1486, les Lorrains voulaient lever 30 gros [2] par habitant, et en 1493 un florin du Rhin sur le village de Louvigny; malgré l'opposition des Messins, il fit prendre des ôtages pour forcer les habitants de Louvigny à lui payer l'impôt.

Le 5 mars 1489, les Lorrains voulurent assiéger le château de Louvigny, et ils y étaient environ 600 chevaux; mais en apprenant « que ceux de Metz estoient dehors, ils » eurent telle paour que bien haitivement ils s'enfuyont. Et » quant cenx qui étoient dedans Loveney virent bien, ils » yssont dehors et frappont sur la cowe et en tuont deux, » et en prinrent trois prisonniers et les menérent dedans » le dit chastel de Lovêney [3]. »

---

[1] *Relation du Siége de Metz en 1444*, par MM. de Saulcy et Huguenin aîné. M. Huguenin, *Chroniques de la ville de Metz*.

[2] *Jehan Aubrion*, p. 190. M. Huguenin, p. 477.

[3] *Journal de Jehan Aubrion*, p. 235.

Le 23 mars 1490 [1] le duc Réné II, voulant réparer cet échec, vint, à la tête de 1,300 chevaux et de 6,000 hommes de pied, mettre le siége devant le château de Louvigny. Le lendemain 200 cavaliers et 200 piétons qui étaient sortis de Metz pour faire lever le siége, se retirèrent en voyant la supériorité des forces du duc. La garnison de Louvigny, privée de secours, se rendit au duc, qui était en personne au siége, et fut emmenée prisonnière à Pont-à-Mousson. Tous les biens renfermés dans le château tombèrent au pouvoir de l'ennemi « lesquels valoient bien 600 fr. »

Les garnisons de Verny et de plusieurs autres places de la ville de Metz, apprenant que Louvigny était rendu, « pourtant que c'était une forte place, » se retirent sans coup férir pour se réfugier à Metz. Les Messins tirèrent une vengeance éclatante de cet échec. Après trois ans de revers et de défaites, Réné fut contraint de demander la paix [2].

D'après M. Viville [3], Réné II fit pendre aux créneaux et noyer dans la Seille toute la garnison du château.

Les chroniques recueillies par M. Huguenin semblent absoudre Réné, au moins en partie de cette accusation de cruauté. « A la fin du mois de juillet 1490, quatorze hommes d'armes de Louvigny qui avaient été faits prisonniers lors de la prise du château, s'échappent des prisons de Nancy, après avoir arraché la serrure de leur prison, en se recommandant à la sainte Vierge, et déposent cette serrure dans la chapelle de N.-D. La Ronde (aujourd'hui la chapelle du Mont-Carmel) et y est encore [4]. »

De 1537 à 1586, quatre seigneurs se succèdent dans la seigneurie de Louvigny, Christophe Vorgiereux, seigneur

---

[1] D'après les Bénédictins, *Hist. de Metz*, et M. Viville; 1489 suivant dom Calmet et Jehan Aubrion.

[2] Jehan Aubrion, p. 239.

[3] Bénédictins, t. III, p. 687. Hist. de Metz. Statistique de la Moselle, p. 247.

[4] P. 524.

de Corny (1537), Marguerite d'Esch (1549), Catherine La Hanay (1561), Thiébaut de Gournay (1586)[1].

En 1590 la ville de Metz avait déclaré la guerre au duc de Lorraine Charles III, pour le service de la maison de Bourbon. Après la victoire de Bouxières, remportée le 25 février, les Messins allèrent assiéger le château de Louvigny, où commandait messire de Seumeuze, gentilhomme lorrain; le château se rendit sans résistance le 28 février et reçut une garnison messine[2].

Dans la même année, le duc revint, avec de grandes forces, assiéger Louvigny. Les Messins se défendirent jusqu'à l'extrémité, furent pris d'assaut et tous pendus à des arbres, leur commandant en tête.

En 1592, Louvigny dépendait encore de la Lorraine, et les Messins ayant voulu les imposer, les habitants exposent au maître-échevin qu'ils sont tenus de payer des impôts à son altesse le duc de Lorraine; qu'ils ont voulu refuser l'impôt, mais que les agents du duc ont enlevé des ôtages, et que ces ôtages sont encore prisonniers à Pont-à-Mousson[3].

Le 16 septembre 1604, en exécution du traité de Nomeny conclu[4] entre les Lorrains et les Messins, Louvigny est rendu à ces derniers et fait désormais partie du territoire messin.

Au commencement du quinzième siècle, messire Henri de Gornay avait une part dans la seigneurie de Louvigny. Bossuet a prononcé son oraison funèbre, il le fait descendre de saint Livier, martyr, qui vivait vers l'an 400.

---

[1] Titres de Lorraine, t. X, partie 2, p. 65.

Le 27 mars 1537, Christophe Vorgiereux, seigneur de Corny, à cause de Claude de Gournay sa femme, fait les reprises de la forte maison de Louvigny et des trois quarts du ban de Baizin. Item de la forte maison de Gouyet. Ibid, p. 46.

[2] Bénédictins, t. III, p. 136.

[3] *Mémoires sur la Lorraine et le Barrois*, par M. Dupré de Geneste, p. 251.

[4] Dupré de Geneste, *Mémoires sur la Lorraine et le Barrois*, p. 253. Traité au sujet des villages contentieux.

En 1635 la part de messire de Seumeuze passa à ses cinq enfants et resta dans cette famille jusqu'en 1720 [1].

En 1720, la seigneurie tout entière fut achetée par messire Faure de Fayole, écuyer de son altesse le duc de Berry, lieutenant-général d'artillerie ; il était marié à dame Elisabeth d'Andlau.

Puis elle est passée à Joseph Faure de Fayole, écuyer, avocat général au parlement de Metz, qui est devenu seigneur haut, moyen et bas justicier sans part d'autrui de la terre et seigneurie patrimoniale de Louvigny.

Messire Joseph Faure de Fayole était fort aimé à Louvigny, et les pièces déposées aux archives de la commune confirment les souvenirs qu'il a laissés dans la mémoire des habitants : les habitants sont heureux, disent-ils, d'avoir pour seigneur le respectable et bienfaisant messire de Fayole.

Le 20 septembre 1769, Marc-Sigisbert-Antoine de Bazelaire, seigneur de Saulcy, chevalier, conseiller à la cour souveraine de Lorraine et Barrois, épousa Marie-Catherine Faure de Fayole, fille de messire de Fayole.

Par testament olographe du 16 novembre 1789, ce dernier laissa à sa fille la seigneurie de Louvigny, et en cas de son prédécès, la jouissance de cette seigneurie à son gendre Marc-Sigisbert de Bazelaire.

Marie-Catherine de Fayole mourut en décembre 1789, et son père en 1792. Marc-Sigisbert-Antoine de Bazelaire fut institué dans la jouissance. Mais vint la révolution; sur ses cinq enfants, trois émigrèrent : Marie-Charles, Marie-Maximilien, et Joseph de Bazelaire de Bamont. Deux parts dans l'héritage de Louvigny furent vendues nationalement, et l'on

---

[1] 30 novembre 1680, Foi et hommage par Joseph de Beuzanne, chevalier seigneur de Louvigny et de Neuvecher, à cause de la seigneurie de Louvigny. (Archives de la Moselle.)

ne respecta que les parts de Louis et de Thérèse de Bazelaire, alors mineurs.

M. de Bazelaire, le dernier seigneur de Louvigny, est mort en 1827.

Messire Joseph-Faure de Fayole avait pour père messire Laurent-Charles-François-Faure de Fayole, chevalier, seigneur de Saint-Etange-la-Grande, conseiller au parlement de Metz. Il existe un portrait de l'un et de l'autre sur toile; ce portrait appartient à M. Marie-Joseph-Sigisbert de Bazelaire, juge de paix à Marmoutiers.

Les armes des Fayole sont : de gueule à une roue d'or accompagnée de trois roues d'argent [1].

Les armes des Bazelaire portent : d'argent à trois flèches de gueules, posées deux en sautoir, l'autre en pal, liées d'un lacs de sable au chef d'azur chargé de trois étoiles d'argent, et pour cimier une flèche de gueules surmontée d'une étoile d'or.

M. de Bazelaire, seigneur de Louvigny, a laissé cinq enfants :

M. de Bazelaire (Louis);

Mme Joly;

M. Marie-Maximilien de Bazelaire;

M. de Bazelaire de Bamont;

M. Marie-Charles de Bazelaire, conseiller à Nancy.

Ces trois derniers ont émigré.

Le château appartient maintenant à plusieurs familles qui en sont devenues propriétaires par indivis.

---

[1] Je dois ces derniers documents à l'obligeance de M. Marie-Joseph-Sigisbert de Bazelaire, juge de paix à Marmoutiers, fils de M. Marie-Charles de Bazelaire, qui a conservé une partie des papiers de sa famille.

NOTICE

SUR

CHEMINOT,

PAR

M. MAGUIN, Avocat.

La seigneurie de Cheminot, village situé sur la Seille, à deux kilomètres de la voie romaine de Metz à Scarpone, fut donnée par Charlemagne à l'abbaye de Saint-Arnould, le 1er des calendes de mai 783. Cette donation, dont nous possédons la charte originale aux archives de la Moselle, est faite à la condition qu'il y aura jour et nuit des luminaires devant le sépulcre de la reine Hildegarde, et qu'on célébrera et priera Dieu tous les jours pour elle [1].

Cheminot était alors plus grand qu'il n'est maintenant. Charlemagne y avait un palais, et les fondations que l'on rencontre autour du village, dans les jardins, dans les terres en culture, lui donnent trois ou quatre fois plus d'étendue qu'il n'en a actuellement. On y voit encore les

---

[1] Don Cailloux, abbé de Saint-Arnould, dans l'analyse détaillée qu'il fait de cette charte, la regarde comme renfermant une simple confirmation d'une donation précédemment faite par la reine Hildegarde son épouse. Tel n'est pas l'avis de l'auteur du cartulaire de Saint-Arnould; c'est, dit-il, une donation faite par Charlemagne lui-même (*Archives de la Moselle*). Voyez toutefois la bulle d'Innocent II, 1139, Cheminot, etc., qu'Hildegarde reine a donnée.

ruines de trois monastères dont l'un appartenait aux Minimes, un autre aux Bénédictins, et dépendait de Saint-Arnould de Metz.

En 1139, il y avait déjà une église à Cheminot : il en est fait mention dans une bulle du pape Innocent II, et sous l'église actuelle on voit encore une crypte dont la construction doit remonter à l'époque romane[1].

L'abside et le transept de l'église actuelle furent construits sur l'emplacement de l'église ancienne déjà placée sous le vocable de saint Maurice, sous l'abbé Richer qui a gouverné le monastère de Saint-Arnould, de 1208 à 1229.

La nef, conformément à la coutume de cette époque, fut construite par la commune. Lorsqu'il fallut construire l'abside, l'abbé Richer fit transférer en l'église de Saint-Arnould les reliques de saint Redemptius qui fut secrétaire d'état de Charlemagne, et qui était enseveli derrière l'autel de l'ancienne église Saint-Maurice[2].

La nef a été brûlée et reconstruite trois fois au moins en même temps que le village. En effet, on voit sur une des faces du clocher des pierres qui portent encore l'empreinte du feu. Lorsque la nef a été démolie il y a quelques années, on a découvert dans les fondations trois genres de maçonnerie différents, et sous la nef quatre pavés étaient superposés, le second et le troisième séparés par un lit de cendres.

Cheminot a été pris et brûlé par les Lorrains en 1404[3].

En 1443, le 12e jour du mois de mai, sire Robert de Commercy vint occuper Cheminot avec deux mille cinq cents hommes. Avertis de l'arrivée des Messins[4] ils livrè-

---

[1] Jules Corblet. *Manuel d'Archéologie*, p. 187.

[2] Valladier. L'auguste basilique de Saint-Arnould, p. 209. Ces reliques furent perdues lors de leur translation de Saint-Maurice à Saint-Arnould de Metz.

[3] M. Huguenin, 129.

[4] Par Thiébault d'Abocourt. Ibid. p. 225.

rent avant de partir plusieurs assauts à l'église, s'en rendirent maîtres et brûlèrent la nef; mais ils ne purent se rendre maîtres de la tour car elle était défendue par seize hommes qui combattirent vaillamment et tuèrent trois des assiégeants [1].

En 1444, le roi de France assiégeait Metz à la sollicitation du duc de Lorraine. Le 13 septembre, Cheminot fut occupé par des troupes françaises qui assiégèrent l'église et la prirent avec tout ce qu'elle renfermait.

L'église de Cheminot se compose aujourd'hui de deux parties très-distinctes, l'abside et le transept construits de 1208 à 1229, et la nef quatre fois reconstruite, la dernière fois en 1856, d'après les plans de M. Gauthier.

Examinons d'abord la partie ancienne en commençant par l'abside.

L'abside est carrée, le chevet penche à droite: cette déviation [2] se remarque fréquemment dans les églises de cette époque. Le chevet est éclairé par une fenêtre ternée à ogive surbaissée. Les colonnettes qui l'encadrent et celles qui servent de meneaux sont annelées.

Les bagues des deux colonnettes qui encadrent la fenêtre du chevet sont sculptées. Cette ornementation est très-rare; ainsi dans notre cathédrale nous avons bien quelques colonnes annelées, mais les bagues ne sont pas sculptées.

Sous le chapiteau de la colonnette de droite sont sculptés en bas-relief deux anges en adoration devant le tabernacle. Il est regrettable que ces anges ne soient pas de plus grande dimension, car leur présence et leur attitude exprime d'une manière simple et frappante l'idée religieuse attachée au sacrifice qui se célèbre sur l'autel [3].

---

[1] M. Huguenin, p. 215.

[2] L'abside est inclinée à gauche pour traduire iconographiquement *l'inclinato Capite* de l'Evangile. (Voir à ce sujet un article de M. du Chergé dans les séances de la Société française à Poitiers.)

[3] Ecrits spirituels d'Eustelle. Lettre LXII.

Derrière l'autel, dans le mur qui sert de chevet à l'abside, on voit un oculus où brulait la lampe sacrée, et au-dessus une monstrance dont l'archivolte est trilobée. Cette monstrance servait à exposer le saint Sacrement que les fidèles pouvaient aussi apercevoir du dehors, grâce à un quatre feuilles pratiqué dans la muraille. Ce quatre feuilles n'étant fermé à l'extérieur que par un simple vitrage, il est à présumer que le saint Sacrement n'y était point renfermé. Du côté de l'église, la monstrance était fermée par une grille en fer ouvragé, d'un dessin remarquable.

L'autel ou son rétable devait être autrefois moins élevé, car aujourd'hui il serait impossible d'apercevoir le saint Sacrement par dessus le rétable. L'autel est en bois de chêne sculpté et date, comme la sacristie, de 1735. Sur le devant de l'autel est représenté en bas-relief saint Maurice, chef de la légion thébaïne. Dans la face droite de l'abside trois niches sont pratiquées. La première, surmontée par un linteau droit, servait de sacrarium, on y renfermait le saint Sacrement. La seconde, à arcature trilobée, servait et sert encore de piscine ; la troisième, à plein cintre, servait de sacristie. Dans cette réunion de trois niches de style différent nous trouvons l'empreinte du style de transition survivant au douzième siècle et se conservant encore au commencement du treizième. On sait en effet que l'Est de la France était en retard pour l'adoption de l'ogive. Les sculptures qui ornaient ces niches ont été brisées en 1735, époque à laquelle l'abside a dû recevoir une boiserie Louis XV.

Sur la face gauche de l'abside on aperçoit une inscription dont les caractères sont presque entièrement effacés. M. le curé de Cheminot pense que cette inscription est relative à la translation des reliques de saint Rédemptius.

La grande arcade est à ogive équilatérale, les deux piliers engagés qui reçoivent les retombées de cette ogive sont cantonnés de cinq colonnettes ; leur tailloir est à forme cubique, leur chapiteau à deux rangs de crossettes, ornés de feuilles d'eau, de chêne, de vigne, et d'animaux fantastiques. Ces sculptures, profondément refouillées attestent le talent du tailleur d'images chargé des ornements. Sous la bague du chapiteau de la colonne de droite est sculpté en ronde bosse un ange armé d'une hache, traduction symbolique de cette parole de l'Évangile : Tout arbre qui ne porte pas de bons fruits sera abattu et jeté au feu [1]. Cette statuette, dont l'exécution est très-médiocre, doit être attribuée à l'ornemaniste, qui aura voulu rivaliser avec l'artiste chargé de la statuaire.

Passons maintenant à l'examen du transept.

Le transept se compose de deux travées dont les voûtes sont supportées par des piliers.

Deux à l'angle de la nef et du transept supportant les retombées des arcs doubleaux et des nervures à section cordiforme du transept, de la nef et des collatéraux. Deux piliers isolés supportent les retombées de tous les arcs et de toutes les nervures du transept; leur corbeille est ornée de feuilles de varech, ce qui fait présumer que l'ornemaniste était Normand ou Breton. Ces quatre piliers sont cantonnés chacun de quatre colonnettes engagées; deux piliers sont engagés dans les faces extrêmes des croisillons; enfin, quatre piliers placés aux quatre angles des croisillons prennent leur point d'appui sur des culs-de-lampe; les six derniers sont cantonnés de trois colonnettes.

Chacun des croisillons est éclairé par trois fenêtres isolées, à ogive tellement surbaissée qu'on les croit, au premier abord, à plein cintre, et l'on est tenté d'en faire remonter la construction à une époque postérieure à celle de

---

[1] Dans la cathédrale de Wells (Angleterre) on voit aussi la chute de l'arbre stérile représenté sur un corbel de toute beauté. (V. Mason, Neal et Benj. Vebb, p. 230.)

l'église; toutefois elles sont aussi du treizième siècle. L'ogive surbaissée apppartient en effet aussi bien [1] au style de transition qu'à l'époque de la décadence, et nous voyons, en consultant les tableaux de synchronisme des styles, qu'à Cheminot le commencement du treizième siècle correspond au milieu ou à la fin du douzième.

Examinons maintenant chaque croisillon en particulier en commençant par le croisillon gauche; à l'angle nord-est de ce croisillon, on remarque un groupe sculpté en bas-relief sous un cul-de-lampe. Ce groupe se compose de trois personnages, l'un laïque, l'autre guerrier, l'autre ecclésiastique; chacun d'eux est dans l'attitude de la prédication, et rappelle par là aux fidèles que tous, de quelqu'état qu'ils appartiennent, ils doivent prêcher, par leurs actes, la vérité de la religion catholique. Vis à vis de l'angle nord-ouest du même croisillon, un autre groupe composé de trois damnés au milieu des flammes, leur rappelle les châtiments réservés aux pécheurs. Presque au-dessus de ce dernier groupe, à l'intrados de la première travée du croisillon, on aperçoit un troisième groupe, l'enfant Jésus; sous la clef et aux quatre angles, les attributs des quatre évangélistes. Dans le croisillon de droite, vis-à-vis ce dernier groupe et à l'angle correspondant, le même sujet est reproduit. Seulement ce sont des damnées. Tous ces groupes sont sculptés en bas-relief et d'une expression remarquable. Le transept est plus large près de l'abside que près de la nef. Près de la nef, il mesure 14m, près de l'abside, 14m,80.

Sur les murs de l'abside et du transept, on apercevait encore, il y a quelques mois, avant la pose du badigeon, des traces de peintures à fresque. Ces peintures avaient beaucoup d'analogie avec celles de Sillegny: celles du tran-

---

[1] Jules Corblet.

sept représentent les douze apôtres, et dans l'abside on apercevait encore, il y a quelques années, un moine à genoux devant un chevalier, et derrière ce chevalier, un domestique portant les armes de son maître. Ces peintures étaient tellement effacées qu'il eût été très-difficile, sinon impossible, de les restaurer.

Les pignons du transept et de l'abside sont surmontés de pinacles aujourd'hui brisés, à l'exception d'un seul, et ornés de crossettes. Au sommet des contreforts qui appuient les angles de l'abside, sont disposés en saillies des animaux fantastiques servant de gargouilles. L'église est construite en moyen appareil: la voûte a 13m d'élévation à la clef, et 0m30 d'épaisseur.

La chèvre posée sur la voûte en 1830 pour la pose des cloches, a déterminé dans la maçonnerie des crevasses qui, malheureusement, n'ont pu encore être réparées.

La tour est carrée et construite sur la croisée à l'intersection de la nef et des transepts : son élévation au-dessus de la voûte est de 10m ; elle n'a qu'un étage de fenêtres, ces fenêtres sont géminées, et le meneau de l'une d'elles est un terminus de grès vosgien provenant de la voie romaine qui de Metz se dirigeait sur Scarpone, passant entre le territoire de Cheminot et celui de Les Mesnils. Un autre fragment du même terminus est placé à l'angle d'une maison voisine du presbytère.

L'angle formé par l'abside et le croisillon droit du transept est occupé par un ossuaire aujourd'hui vide. Sur l'une des colonnes qui supportent la toiture est gravé le millésime 1545. Sous l'abside est une crypte divisée en deux compartiments.

L'avant-dernière nef n'était d'aucun style : elle était construite en pierres de moyen appareil disposées en arête et qui avaient subi l'action du feu avant leur emploi. Deux portes au-dessus desquelles était disposé un mâchicoulis donnaient entrée dans la nef. Cette nef a été démolie il y a quelques années pour faire place à une triple nef construite d'après les plans de M. Gauthier : elle comprend trois nouvelles travées, ce qui fait cinq travées en y comprenant celle du transept.

Un porche isolé donne entrée dans la grande nef. Sur les chapiteaux des deux colonnettes qui flanquent les tableaux du porche, deux tores séparés par des rudentures viennent s'infléchir après avoir formé au-dessus de la porte une archivolte dont la nervure est à ogive surbaissée.

Sur le tympan doit être sculpté le massacre de la légion thébaïne. L'exécution de ce bas-relief est confié à M. Langlois.

La voûte de la nef principale est d'arête à section d'ogive équilatérale, celle des collatéraux à ogive surbaissée. Chaque collatéral est éclairé par quatre fenêtres également à ogive surbaissé, et la grande nef par une rose à huit lobes qui s'ouvre au-dessus du porche.

L'architecte a su mettre le style de la nef en harmonie avec celui de l'abside et du transept. Malheureusement la forme crucifère à laquelle était attachée une idée symbolique a cessé d'exister, car les murs intérieurs des collatéraux qui ont élargi la nef, sont venus se placer sur le prolongement, ou peu s'en faut, des faces extrêmes du transept.

La largeur de la nouvelle nef dans l'œuvre est de 13 mètres 47 ; la longueur totale de l'église de 27 m. 66.

Dans le jardin du presbytère se trouvent deux pierres tombales. La première était engagée sous les fondations de l'ancienne nef. Largeur dans œuvre 0 m. 48 et 0 m. 46; hauteur 0 m. 50; épaisseur de chacune des parois latérales 0 m. 10; de la paroi inférieure 0 m. 15. Six grosses pierres brutes, quatre aux angles, deux au milieu, étaient dressées contre ce sarcophage, qui renfermait les restes de quatre personnes. Fragment du couvercle, épaisseur au milieu 0 m. 06, sur les bords 0 m. 12. La seconde qui renfermait les restes de deux personnes a été trouvée dans un jardin près de l'église, taillée en arête de poisson. Largeur dans œuvre : 0 m. 60 et 0 m. 55; longueur

Id. 1 m. 85 ; épaisseur de chacune des parois latérales 0 m. 09 ; de la paroi inférieure 0 m. 10.

A Longeville, annexe de Cheminot, il y avait une chapelle fondée par le sire de Vast, vers le douzième siècle, au dire des habitants, et placée sous le vocable de saint Pierre. Les Bénédictins devaient y dire la messe les fêtes et dimanches. En 1800, cette chapelle qui tombait en ruines a été transformée en habitation. Il n'en est fait mention que dans un aveu et dénombrement du 26 juillet 1681. (Cartulaire de St-Arnould. Archives de la Moselle).

TRAITÉ

DE

L'OFFICIALITÉ DE TOUL

De Jean DUPASQUIER,

PAR M. A. DUFRESNE.

Pendant les seizième et dix-septième siècles, la famille Dupasquier, actuellement éteinte, a constamment rempli les fonctions les plus importantes de la magistrature touloise; l'un de ses membres, Jean Dupasquier, né à Toul en 1591 et mort au mois de mai 1666, fut nommé procureur-syndic de la cité, sur la démission de Regnault Dupasquier, son père.

Pendant sa longue carrière, notre syndic fut chargé de plusieurs missions importantes; ce fut lui qui en 1637, lorsque le Parlement de Metz vint tenir ses séances à Toul, harangua les officiers de cette cour souveraine. Peu après l'installation du parlement, il vint y prêter serment en qualité d'avocat [1].

[1] Voyez notre notice sur la famille Dupasquier, dans la Biographie du Parlement de Metz, par M. Michel, conseiller.

Jean Dupasquier nous a laissé des mémoires curieux, restés manuscrits, sur l'ancienne constitution civile et religieuse de la ville et sur les faits les plus remarquables qui se sont passés à Toul depuis 1618 jusqu'à 1658. Cette cité jouissait jadis d'une assez grande importance, non-seulement comme siége d'un évêché, l'un des plus étendus et des plus anciens de la chrétienté, mais aussi à raison des beaux priviléges dont elle avait été dotée en sa qualité de de ville impériale, dépendante autrefois de la confédération germanique.

Voici sur les mémoires de Dupasquier l'opinion que nous en a laissée Lemoine, archiviste de l'église de Toul et auteur du *Traité diplomatique pratique*, imprimé à Metz en 1765:

« Les mémoires de Jean Dupasquier, syndic de la ville » de Toul, renferment un exposé très-bien fait, du gouver» nement ancien et moderne de la ville de Toul et de la » Juridiction temporelle des Évêques et du Chapitre; de » la forme ancienne d'élire le Maître Echevin, les 10 jus» ticiers et les 5 Enquéreurs; de la Juridiction de ces der» niers, de leurs franchises ainsi que de celles du syndic et » du receveur; de la domination française et de ses suites; » de l'établissement du siège royal et présidial et du bailliage » de Toul, du Parlement de Metz, et de sa translation à Toul; » des événements arrivés dans cette ville depuis 1611 jus» qu'en 1658; des Gabelles et droits qui se levaient à » Toul. »

La publication des mémoires de Dupasquier serait une chose utile pour compléter l'histoire de la province des Evêchés; je vais, Messieurs, vous en soumettre, comme essai, la partie la moins étendue, c'est-à-dire celle qui a rapport aux Juridictions ecclésiastiques.

TRAITÉ DES JURISDICTIONS ECCLÉSIASTIQUES DE LA VILLE ET DU DIOCÈSE DE TOUL,

par JEAN DUPASQUIER, escuyer, licencié-ès-droit, advocat au Parlement, séant présentement à Toul [1] et Procureur Syndic et conseiller en cette ditte ville et cité de Toul.

CHAPITRE PREMIER.

De l'Evesque, et de son Conseil ecclésiastique.

Premièrement les Evesques de Toul sont de la naissance de l'Eglise, car saint Mansuy, envoyé par saint Pierre, prince des apôtres en ces contrées, fut le premier évesque de Toul qui s'appelait pour lors *leuca*, à cause des bois dont elle était environnée de toute part et depuis saint Mansuy les autres évesques ses successeurs au nombre de 80 ont jusqu'à présent avec tant d'heur et de bonheur tenu le gouvernement de la nacelle de cet Evesché et diocèse que, quoiqu'il ait été agité de diverses tempêtes des sectes malheureuses, notamment de l'hérésie de Luther et de Calvin qui ont infesté la pluspart des provinces circonvoisines, il en a toujours été préservé, *miracle*, qu'un Evesché des plus grands de la chrétienneté [2] ayant en son circuit presque cent lieues de tour et qui comprend toute la Lorraine, le Barrois, une partie du Joinvillois et du Bassigny, se soit si bien conservé, car partout il n'y a que la pure religion catholique, apostolique et romaine qui y soit reçue.

Le seigneur Evesque de Toul a un Vicaire général, un official général, un Promoteur général et plusieurs autres personnes d'Eglise

---

[1] Le parlement arriva à Toul le 19 avril 1637 et retourna à Metz le 30 novembre 1658.

[2] Voyez Pouillé du diocèse de Toul, par le Père Picard.

séculières et régulières en tel nombre que bon lui semble et qui tous ensemble composent un corps appelé le conseil ecclésiastique, et un secrétaire que l'on appelle ordinairement clerc de la chambre épiscopale, avec deux huissiers qui se nomment appariteurs.

Ces gens du Conseil ecclésiastique lorsqu'une cure vient à vaquer *per obitum,* dans le diocèse, ès mois réservés au *Pape*, en étant avertis, font faire des affiches par lesquelles ils donnent jour pour le concours.

Ils connaissent aussi *de rebus ad fidem pertinentibus*, etc.

CHAPITRE DEUXIÈME.

De l'Official.

Dans ce Diocèse, il y a comme dans la ville de Toul, plusieurs officiaux qui ont leurs cours.

Le premier c'est l'Official général de l'Evesché et diocèse de Toul, il tient son siége en un lieu qui est dans le parvis de l'Eglise cathédrale, lequel répond au palais épiscopal, y ayant deux portes pour y entrer, l'une du côté du dit parvis et l'autre du côté du dit palais.

Il juge des causes de mariage et condamne la partie qui diffère d'exécuter ses promesses de mariage, mais voici ce qui se pratique depuis l'établissement du Parlement. Si les parties sont en fait contraire, l'Official n'ordonne plus comme du passé qu'elles feront preuves de leurs faits qu'en un cas seul, qui est quand elles offrent de montrer des promesses par écrit. Encore ne peut-il sur telles pièces condamner les parties de s'épouser, si elles n'ont habité ensemble et se sont connues charnellement, ensuite de leurs promesses par écrit, et même consentent à leur mariage, autrement si l'une des parties l'empesche et refuse d'épouser, l'Official ne peut faire autre chose que de renvoyer les parties desdites promesses de mariage et sauf à la partie demanderesse de se pourvoir pour ses dommages et intérêts par devant qui il appartiendra, c'est-à-dire par devant le juge du défendeur, et condamner néanmoins le dit défendeur aux dépens qu'il doit taxer sur le champ. S'il n'en fait ainsi, sur l'appel comme d'abus au Parlement, on y réforme la sentence.

Voilà comme la Cour ecclésiastique est maintenant maltraitée.

L'Official donne aussi dispense, d'un, de deux, voire même de trois bancs, mais rarement le doit-il faire, car s'il ne le fait avec la plus grande connaissance de cause et à des personnes bien connues, il peut donner sujet de faire déclarer le mariage clandestin.

Il a la correction des mœurs des prêtres du diocèse.

Sa jurisdiction s'étend par tout l'Evesché et sur tous les prêtres séculiers, curés, chapelains, vicaires et clercs desquels il est jugené en toutes actions civiles et criminelles.

Et, s'il y a appel des jugements par lui rendus, les appellations ressortissent par devant le métropolitain qui est l'Archevêque de Trèves et dudit métropolitain au Saint-Siége à Rome.

Il connaît du pétitoire de tous les bénéfices de l'Evesché. Ces causes du pétitoire se plaidaient anciennement en latin, tant par actes que par écritures, ès quelles il fallait observer *ad unguem* et si ponctuellement les formalités, que si l'on venait à en omettre quelqu'une, cela rendait la procédure nulle et la fallait recommencer de nouveau. Et ses formalités et termes qu'il fallait garder et qui sont déduits dans les praticiens qui en ont écrit, notamment dans *Octavianus vestrius*, étaient si longs et si difficiles à observer, tant en première instance qu'en cause d'appel, que celui qui était en possession du bénéfice, s'il avait tant soit peu d'adresse, se pouvait facilement maintenir en la possession du dit bénéfice toute sa vie, tant ces délais qui, à proprement parler, ne sont que des chicanes, sont longs ; étant non-seulement permis d'appeler à Trèves, mais encore à Rome d'un jugement interlocutoire, voire même d'un simple appointement, et sur lesquelles appellations il faut encore qu'il y ait trois sentences conformes. Ainsi ce n'est pas sans cause si après un arrêt au possessoir on ne plaide plus.

Sur un appel de l'official, on pouvait aller de plein saut à Rome, *omisso medio*, c'est-à-dire sans aller plaider à Trèves sur l'appel.

Les autres officiaux qui sont tant dans la ville que dans le diocèse ont pareille jurisdiction dans leurs districts que l'Official général dans le reste du diocèse de Toul.

L'Official archidiaconal ou de la petite cour est un chanoine de Saint-Gengoult, choisi par le grand archidiacre de Toul pour son officier [1].

---

[1] Avant 1775 le diocèse de Toul comprenait six archidiaconés. Le premier, qui avait dans sa juridiction la ville épiscopale prenait le titre de grand archi-

Sous la juridiction spirituelle du dit official archidiaconal sont tous les prêtres et curés des lieux susnommés. Savoir, des paroisses de Saint-Amand et de Saint-Léon de cette ville, de Saint-Pierre et de Saint-Maximin qui sont ès deux faubourgs de cette ville, et des paroisses du voisinage de Toul, savoir, Gondreville, Villey-Saint-Estienne, etc., etc.

Il a son Promoteur et son Greffier qui font les mêmes fonctions que les officiers de l'officialité épiscopale et ont pareille et semblable juridiction sur ceux de leur district, mais il y a appel des jugements rendus par le dit official archidiaconal et cet appel ressortit immédiatement à la grande cour et par devant l'official général du diocèse.

Son siége est au coin du cloître de Saint-Gengoult, en sortant de l'église à main droite. Il y a encore à présent deux planches de ce côté et d'autres mises à cet effet.

L'official capitulaire de la cathédrale est celui qui est créé par Messieurs de la cathédrale; il a aussi un promoteur et un greffier, il tient son siège où il veut, et a des causes fort rarement.

Sa juridiction s'étend sur les paroisses Saint-Jean et Sainte-Geneviève de Toul, comme aussi sur tous ceux du chapitre de la cathédrale qui sont clercs ou prêtres, sur lesquels il a tel pouvoir que les autres officiaux.

Les appellations de ces jugements ressortissent aussi immédiatement par devant l'official général.

L'official capitulaire de la collégiale, c'est le chanoine de Saint-Gengoult qui est établi par les doyen, chanoines et chapitre du dit Saint-Gengoult, pour avoir la juridiction en ce qui est du spirituel sur les prêtres et clercs qui sont dans le dit chapitre et sur quelques villages où ils ont la juridiction quasi épiscopale.

Il tient son siège où bon lui semble.

Hors de la ville il y a trois officiaux.

Un à Bar, l'autre à Vaucouleurs et le troisième à Gondrecourt, établis la première fois par Mgr de Toul, Christophe de la Vallée,

---

diacre; le deuxième était celui de Port; le troisième celui de Vitel; le quatrième celui de Rinel; le cinquième celui de Vosges; enfin le sixième celui de Ligny. Les doyennés étaient au nombre de vingt-six.

(Voir pouillé du diocèse de Toul, par le Père Picard, page 17.)

pour ces lieux-là, qui sont de la mouvance, autrement *à parte regni* et non pas *in partibus obedientiæ*, comme est tout le reste du diocèse, afin d'éviter toutes les difficultés qui se pourraient rencontrer, tant pour les formalités que pour les jugements et appellations.

Quand on appelle à Rome, *omisso medio*, on ne va pas pour cela plaider à Rome si l'on veut, mais la partie appelante demande des juges délégués *in partibus*, qui d'ordinaire sont des personnes ecclésiastiques, constituées en dignités, qui doivent garder les mêmes formalités que si on plaidait à la *Rote* en cour de *Rome*.

Pour appeler des jugements du dit official général, duquel seul il y peut avoir appel soit à Trèves, soit à Rome, d'autant que les appellations qui s'interjettent des autres officiaux ressortissent immédiatement par devant le dit official général du diocèse, il faut que la partie qui est appelée, *aut verbo, aut in scriptis*, demande audit official *sibi respondere de Apostolis*, c'est le terme de pratique.

Si l'official défère à l'appellation sur cette demande, il donne *Apostolos sententiales;* s'il n'y défère pas, ainsi qu'il le peut faire, mais non par raison valable, il donne *Apostolos refutatorios*, auquel cas la partie qui veut persister à son appel demande à tout le moins, *Apostolos testimoniales*, que l'official ne peut ni doit refuser, prenant en tous cas le dit appelant des personnes pour témoins qu'il persiste à son appellation.

Que s'il relève son appel à Trèves, par devant l'archevêque métropolitain, ou à Rome au Saint-Siége, il lève une commission à cet effet et y fait citer et assigner la partie assignée dans un délai compétent, et s'il y a des commissaires et délégués, il les fait dénommer dans la dite commission, et s'ils n'y sont dénommés que sous un nom collectif et général, il les fait dénommer dans le rapport de celui qui met à exécution la dite commission et donne l'assignation à citer la partie adverse.

Si l'appelant ne relève un appel dans le délai à lui déterminé pour ce faire et qui est ordinairement de quatre mois, et si la dite appellation est interjetée à Rome, dans ce cas l'intimé peut demander que le délai soit fixé à l'appelant, *ad docendum de appellatione et ejus legitimâ prosentione*, et doit acquérir cela par quatre différentes fois que l'on appelle citations.

1° *Pro primâ appellatione;* — 2° *Pro secundâ;* — 3° *Pro*

tertiâ; — 4° *Pro quartâ peremptoriâ et ultimâ dilatione*, et lesquelles citations il doit faire signifier à l'appelant ou à son procureur, ou en tout cas les faire afficher aux poteaux de l'église cathédrale de cette ville, et de quoi le notaire, prêtre, clerc ou appariteur qui met à exécution les dites citations, doit faire son rapport à chacune d'icelle, et après les dits quatre délais expirés, si l'appelant ne relève pas son appel, l'intimé peut demander à l'official que l'appel soit déclaré désert et qu'il soit passé outre à l'exécution du jugement par lui rendu, ce que l'official ne peut refuser, et l'ayant ainsi ordonné, si l'appelant n'y satisfait pas, le dit intimé peut demander que l'appelant soit contraint par les censures ecclésiastiques et même invoquer, s'il en est besoin, le bras séculier à cet effet.

Il y a beaucoup d'autres formalités qui se voyent chez *Vestrius* [1] et qu'il faut observer.

[1] Octavianus Vestrius, célèbre jurisconsulte du seizième siècle.

NOTICE

SUR LA

NAUMACHIE DE METZ,

Par M. Ch. ABEL.

La ville de Metz a-t-elle jamais possédé une naumachie à l'époque gallo-romaine? Telle est la question que je me suis posée. Il semble au premier abord que cette question est oiseuse par cette simple raison que tout le monde est d'accord pour reconnaître que les Romains ont doté l'ancienne cité des Médiomatricks d'une naumachie qui se trouvait établie sur les bords de la Seille, entre la *Redoute* dite du *Pâté* et le *Pont-aux-Arènes*. L'existence d'une naumachie à Metz est admise tellement bien que voici un livre, très-remarquable sous tous les rapports, imprimé il y a quelques mois sur *le droit municipal dans l'antiquité* qui nous dit [1] que *Divodurum* avait un amphithéâtre, *une naumachie*, des bains publics, et s'en fait un argument pour conclure que Metz, sous les Romains, jouissait de tous les avantages de la vie municipale.

Je viens, contre l'opinion générale, démontrer que Metz n'a jamais possédé de naumachie, c'est-à-dire de monument particulier où les Médiomatricks, le jour de fêtes publiques, se donnaient le plaisir d'assister à un simulacre de combat naval, ainsi que César le fit exécuter à Rome dans le Champ

---

[1] *Droit municipal dans l'antiquité*, par F. Béchard, avocat à la Cour de Cassation. — Paris, 1860. — A. Durand, in-8°.

de Mars, et après lui Auguste, Caligula, Néron, Claude et Domitien [1].

Une chose certaine et qui est acquise à notre histoire, c'est que Metz a eu, en dehors de son enceinte, un amphithéâtre où les Médiomatricks se pressaient à la décadence de l'empire en s'écriant : *Panem et circenses* et où, à l'imitation sans doute des Trévirs, ils se donnèrent le régal de prisonniers francs livrés en pâture aux bêtes féroces.

Nous avons la vie légendaire de notre premier apôtre saint Clément qui nous parle pour la première fois des arènes de Metz, près de la Seille. La tradition en désigne même l'emplacement aux environs du *Pont-aux-Arènes* et au lieudit la *Fosse-au-Serpent,* qui est précisément l'endroit où a été élevé depuis la redoute appelée le Pâté en 1737. Voici en quels termes un contemporain nous le confirme : « En creusant — dit Baltus [2] — les fossés d'une redoute en » terre et avancée entre la porte Saint-Thiébault et la ri- » vière de Seille que le roi a fait établir pour ouvrir l'écluse » du *Pont-aux-Arènes*, on a trouvé des fondations et ves- » tiges de l'ancien amphithéâtre construit par les Romains. » L'emplacement de cette redoute était appelé la *Fosse-aux-Serpents.* » C'est en ce lieu que l'on trouva, en 1730, un médaillon commémoratif en plomb incrusté dans une pierre et représentant Rome victorieuse sous les traits d'une femme aux longs cheveux, casquée et cuirassée, tenant une boule à la main et derrière elle une lance et un bouclier, tandis que par devant la victoire lui décerne une couronne. Le médaillon est entouré d'une guirlande de lauriers. Les Bénédictins, dans leur *Histoire de Metz,* en ont donné [3] le dessin (planche xx, tome 1), et le musée archéologique possède cet objet précieux.

---

[1] Suetone, Tacite.

[2] Annales de Metz, par Baltus, page 51.

[3] Caylus en a donné aussi le dessin, pl. xx, f. 1.

En 1736, on déterra sur l'emplacement de l'amphithéâtre la fameuse cuve de porphyre qui se trouve à la cathédrale, et l'autel cannelé en spirale de marbre blanc qu'on remarque au musée archéologique. En même temps on découvrit une statue de Diane, deux têtes de marbre blanc, et en 1737 on rencontra une pierre ne portant que ce fragment d'inscription de dédicace: MARCVS VEGISONIVS DICAVIT, sans autre indication de date.

L'existence de l'arène en ce lieu est confirmée par le nom d'une église que saint Clément y éleva près de la Seille en l'honneur de saint André et que le peuple appela toujours *St-André-aux-Arènes*. A en croire les Bénédictins, auteurs de l'*Histoire de Metz*, les ruines de l'amphithéâtre subsistèrent jusqu'en 1562, époque à laquelle les pierres et les colonnes en furent dépécées pour construire les murs de la citadelle de Metz. C'est une erreur, puisque Sébastien Leclerc, vers 1650, en a pris un croquis qu'il grava à l'eau forte et qui fait partie de ses œuvres sous le nº 205. C'est d'après cette estampe rarissime [1] de Sébastien Leclerc que M. Migette a donné une vue des arènes de Metz dans l'*Histoire de Metz*, par Bégin, t. I. Elle représente encore l'enceinte avec une partie de ses contreforts et une portion des galeries du premier étage et du rez-de-chaussée éclairées par deux rangées de colonnes superposées comme à Nîmes et à Arles. On y voyait aussi l'escalier d'un des vomitoires par lesquels s'écoulait la foule au travers d'une porte cintrée formée par deux colonnes d'ordre ionique. Un plan [2] de Metz de 1574 nous montre le débris d'une de ces arcades avec une colonne. En 1719, Montfaucon faisait dessiner, pour son bel ouvrage des *Antiquités expliquées*, ce qui restait de

---

[1] Elle se trouve à la Bibliothèque impériale de Paris. — Collection de gravures et estampes.

[2] *Principales villes du monde*, par Georges Braun, de Cologne, t. II, pl. XV.

l'amphithéâtre de Metz et le publiait, tome III, planche 103. Les Bénédictins reproduisaient dans leur *Histoire de Metz* tome I, planche XIX, 2, ce dessin qui nous apprend que les galeries dessinées par Sébastien Leclerc avaient été démolies, et qu'en 1719 il ne restait plus debout que le vomitoire avec son escalier, sa porte et l'enceinte circulaire de l'arène. Au dix-septième siècle, P. Ferry, qui a encore vu ces ruines debout, supposait que l'amphithéâtre de Metz avait dû être construit sous Auguste ou sous l'empereur Adrien [1].

Si d'un côté on est certain qu'un amphithéâtre romain a existé aux portes de Metz, comme j'en ai vu à Saintes, à Bordeaux, à Poitiers, à Nimes et à Arles, d'un autre côté on est assuré, par les belles ruines encore existantes, que les Romains ont fait de grandes dépenses pour mener de l'eau à Metz en abondance.

L'aqueduc de Jouy est là pour le dire, ainsi que les remarquables galeries qui règnent tout le long de la vallée de Gorze, et les deux beaux bassins qui se voient sur le coteau d'Ars et sur celui opposé de Jouy. Grâce aux études [2] patientes de M. Victor Simon, qui a dignement continué les recherches des Bénédictins et de Gardeur-Lebrun [3], grâce aux travaux de sondage de M. Vandernoot, nous savons nettement quel était le parcours des eaux que les Romains conduisirent depuis Gorze jusqu'à Metz. Mais arrivés au dernier mur d'enceinte de cette ville, devant l'emplacement présumé de la porte Serpenoise du temps des Romains (c'est-à-dire au carrefour de la rue de l'Esplanade et de la rue Serpenoise), nous manquons de renseignements sur la direction des eaux de Gorze dans Metz, et par suite sur leur véritable destination. Par voie d'induction en présence des

---

[1] *Observ. séculaires.* Ier siècle, § 73.

[2] Voir aussi un article de M. V. Jacob sur l'aqueduc de Jouy. — *Revue d'Austrasie*, 1853.

[3] Bibl. Metz. Manusc. avec plan.

majestueux débris de l'amphithéâtre et de ceux de l'aqueduc, nos anciens écrivains ont supposé que l'eau de Gorze devait servir à alimenter des thermes publics et une naumachie avant d'entrer dans Metz, et ils plaçaient ces thermes et cette naumachie à côté de l'amphithéâtre.

Voici en quels termes Fabert, le maître-échevin, tranchait en 1610, la question dans sa préface du *Voyage d'Henri IV à Metz,* préface dans laquelle le père de l'illustre maréchal fait l'éloge de l'antique importance de la capitale des Trois-Évêchés [1].

Les aqueducs conduisaient l'eau de Gorze et d'Euzerailles à la ruine la *Fosse-aux-Serpents*, c'étaient les Thermes; plus de 200 colonnes de marbre serpentin embellissaient ce lieu. Au-dessous des Thermes était la Naumachie médiocrement creusée et de compétente grandeur, et dont les parois étaient de pierre de taille. On la remplissait de l'eau des aqueducs lorsqu'il y avait quelque combat naval ou autres jeux à représenter. Elle a encore assez d'entier pour montrer quelle elle estoit. D'un dessin à la plume trouvé en l'étude d'un de nos concitoyens, entre superbes édifices, est celui des Arênes ou de l'Amphithéâtre, un petit au-dessus des bains. De ce qui en est montré, il n'y a petit rapport au portrait de celui de la ville de Nismes.

Après l'ouvrage de Fabert, parut à Metz, en 1634, l'*Histoire des Évêques de Metz* [2], par Meurisse. Ce suffragant de l'évêque de Metz, s'inspirant de son devancier, écrivit à son tour :

Les sources abondantes et délicieuses de Gorze fournissaient l'eau à la naumachie toutes les fois que l'occasion s'offrait de faire quelque combat naval. Ces eaux s'assemblaient dans un réservoir, et de là elles étaient conduites par des canaux souterrains faits de pierre de taille, et si spacieux qu'un homme peut marcher dedans

---

[1] Bibl. de Metz. — Imp. à Metz en 1610, chez Fabert.

[2] *Histoire des Évêques de Metz,* pref. imp. Metz. Antoine, in-fol. 6 grav.

pour peu qu'il se courbe, et puis elles passaient la Moselle par-dessus ces hautes et superbes arcades qui se voient encore à Jouy, si bien maçonnées et cimentées, excepté la partie du milieu que les glaces ont emportée. De là, ces mêmes eaux claires s'écoulaient sous terre par d'autres aqueducs semblables aux premiers, et se venaient rendre doucement au lieu des Bains et de la Naumachie.

Montfaucon[1], en 1719, ne fit que recopier cette assertion de Meurisse, et il y ajouta deux vues de l'arche de Jouy, l'une d'après une précédente gravure de l'ouvrage du voyage d'Henri IV, l'autre d'après un dessin contemporain. Chastillon, en 1654, avait aussi donné une vue de l'aqueduc de Jouy.

En 1760, Dom Cajot, publiait ses *Antiquités de Metz*, et acceptait sans contrôle les assertions de Fabert et de Meurisse.

Les arches de Jouy, disait-il[2], conduisaient les eaux jusques à la Naumachie, vaste bassin qui servait à la représentation des combats navals du côté de la porte Saint-Thiébault, jusqu'au seizième siècle.

Néanmoins Dom Cajot sentait poindre dans son esprit des objections, et il croit les résoudre ainsi :

Il paraîtra surprenant, à l'égard de la Naumachie, que les Romains n'y aient point employé les eaux de la Moselle ou de la Seille, par le moyen d'une digue que l'on aurait pratiquée dans le lit de la rivière, avec une dépense moins frayeuse et plus sage. Il est croyable que l'intention de son auteur était non-seulement de fournir des eaux pour les combats navals, mais aussi pour les besoins de la ville, ce que ni la Seille ni la Moselle n'eussent fait avec autant de salubrité ni d'avantage.

Cette objection commença à jeter du doute sur l'existence de la naumachie messine. Nos historiens ne furent plus aussi

---

[1] *Antiquités expliquées*, t. III, p. 182. Planche 105. III supplément.
[2] *Antiquités de Metz*, p. 95. — Imp. Joseph Collignon, 1760. Metz.

affirmatifs. En 1769 paraissait l'*Histoire de Metz*, par les religieux D. Jean François et D. Nicolas Tabouillot, dans laquelle nous lisons [1] :

Le palais de l'Empereur n'est pas le seul monument qu'on vit élever à Metz, les Romains y construisirent bientôt des thermes, une naumachie, un amphithéâtre. Les bains publics étaient situés à la *Fosse-aux-Serpents*, au bout des glacis, entre la porte Mazelle et la porte Saint-Thiébault. Au-dessous des thermes était la naumachie. Elle est totalement détruite jusque-là qu'on laboure aujourd'hui dans son emplacement. Nous tenons d'un particulier qu'en fouillant dans ce canton on avait trouvé un canal à l'embouchure duquel étaient deux coulisses pratiquées de côté et d'autres pour y mettre un ventail. Nous n'en avons pu tirer d'autres éclaircissements. Il n'en est pas de même de l'amphithéâtre. On en a vu des vestiges jusqu'en 1562, temps auquel on les employa à la construction de la citadelle. Dans les temps de sécheresse on voit, comme en 1769, une petite partie de ses fondations dans l'avant-fossé de la redoute auprès de la porte Saint-Thiébault. En 1736, on en découvrit une portion considérable comblée presqu'à l'instant. M. de Cormontaigne en fit lever le plan qui ne s'est trouvé nulle part, quelque mouvement que M. de Caylus se soit donné. Montfaucon donne un dessin où l'on reconnaît au premier coup-d'œil les ruines de notre amphithéâtre.

On voit que nos Bénédictins ne connaissaient pas la gravure de Sébastien Leclerc. Enfin, en 1817, Viville, dans son excellent *Précis de l'Histoire de Metz*, dit, après avoir décrit l'aqueduc de Gorze [2] :

Les bains ou thermes étaient situés dans un lieu appelé la *Fosse-aux-Serpents*, entre les portes de Mazelle et de Saint-Thiébault. La naumachie était au-dessous des thermes. Plus haut, sur l'emplacement de la redoute du Pâté, était un vaste amphithéâtre dont les ruines imposantes se montraient encore au commencement du dix-septième siècle.

---

[1] *Histoire de Metz*, imp. Joseph Antoine, t. I, p. 56.

[2] *Dictionnaire du département de la Moselle*. Imp. Verronnais, t. I, p. 439.

Dans sa remarquable *Histoire des sciences et arts dans le pays messin*[1], en 1829, Bégin copia la phrase de Viville. Mais en 1844, dans son *Histoire de Metz*, il changea d'opinion et dit[2]: Je crois qu'il n'y a jamais eu de naumachie à Metz.

Tel est donc l'état de la question ; d'après Fabert, Meurisse, D. Cajot, D. François, D. Tabouillot et Viville, Metz a eu une naumachie, et d'après Bégin cette opinion est erronée.

Tout d'abord des thermes existaient à Metz du temps des Romains. On en a la preuve par la pierre tombale d'un employé de ces bains publics :

D·M

VERINO·

VERECVNDI. FILIO·

THERMARIO·

Mais ces thermes existaient-ils près de l'amphithéâtre ? D'après les Bénédictins, ils étaient situés à la *Fosse-aux-Serpents;* d'après Baltus, c'était précisément là qu'était l'amphithéâtre. Metz possédait des thermes sur la Moselle, de l'autre côté du pont Saint-Georges, sur l'emplacement qu'aujourd'hui encore on appelle le *Therme*. En outre, Chastillon[3] nous donne la vue de cet établissement grandiose tel qu'il existait encore en 1614, avec le clocher de la vieille

---

[1] *Histoire des sciences et arts du pays messin*. Imp. Verronnais, 1829.

[2] *Histoire de Metz*, t. I, p. 170. Imp. Verronnais.

[3] *Topographie française* de Chastillon. — Bibl. imp. Paris. — Celle de Metz en possède quelques gravures.

église Saint-Polyeucte que devait remplacer l'église Saint-Livier, place Croix-outre-Moselle. A la droite du spectateur on voit le pont Saint-Georges, au pied coule la Moselle, comme l'indique la légende : *Ruines très-antiques d'un amphithéâtre qui se voit encore à présent au bord de la Mozelle dans la ville de Metz, 1614.* Ainsi, c'est dans l'intérieur de Metz, sur la Moselle et non sur la Seille, que se trouvait cet amphithéâtre des thermes. Il n'y a donc pas à le confondre avec celui du *Pont des Arènes.*

Donc, sur ce premier point, on peut décider que les thermes n'existaient point à l'endroit que lui ont assigné Fabert, Meurisse et les Bénédictins. Quant à la naumachie, Fabert la localise au-dessous des thermes, et par suite au-dessous de l'amphithéâtre qui, d'après cet auteur, était « un petit au-dessus des bains. »

Grâce à Baltus, grâce aux Bénédictins, nous savons que la redoute du Pâté occupe aujourd'hui l'emplacement de la majeure partie de l'amphithéâtre où saint Clément vint prêcher les belles doctrines du christianisme aux Mediomatricks étonnés. Or, d'après Fabert, la naumachie se serait trouvée au sud de la redoute du Pâté. Il n'apporte d'autre preuve que des ruines en pierres de taille qui dépendaient sans aucun doute de la construction de l'amphithéâtre. Malgré le creusement d'un énorme fossé qui a été récemment ajouté, avec d'autres mouvements de terrain, à la redoute du Pâté, rien n'est venu confirmer l'hypothèse de la naumachie ; de tous ses canaux, de ses constructions, on n'a rien trouvé.

Enfin il est admis que Trèves n'a pas eu de naumachie. Pas plus qu'à Metz on n'en trouve nulle trace, et cependant, comme à Metz, des aqueducs encore existant y conduisaient les eaux d'une petite rivière éloignée. On est certain que c'est surtout à Trèves que les empereurs Constantin et Valentinien donnaient des jeux du cirque, et Trèves, cette Rome du nord, aurait eu une naumachie si Metz en avait possédé une. Mais Trèves n'en avait pas besoin, par cette raison fort simple que, pour donner au peuple une fête nautique, il suffisait de barrer le lit de la Moselle pour créer un immense lac artificiel. Il en était de même à Metz; donc il est très-possible que les Romains aient donné à nos pères le spectacle de fêtes nautiques, mais il n'est nullement établi que ce fut à l'aide d'une naumachie. La seule concession qui est à faire, c'est que l'amphithéâtre de Metz a pu être disposé de façon à recevoir de l'eau pour inonder l'arène.

C'est possible, mais rien ne le démontre. On n'a trouvé aucune inscription, aucune conduite d'eau depuis le Sablon jusqu'à la redoute du Pâté. Mais si l'eau venue de Gorze n'était point dirigée vers la prétendue naumachie, où allait-elle? et à qui servait-elle? Il va de soi que c'était pour être employée dans Metz aux divers usages de la vie domestique. Les Romains avaient conduit leurs eaux par la rive droite de la Moselle, Metz étant alors très-peuplé de ce côté. Ils avaient construit en avant de la porte Serpenoise un vaste bassin au milieu du Sablon, à plusieurs centaines de mètres à l'ouest de l'amphithéâtre. L'existence de ce réservoir est authentiquement établie par la découverte d'une superbe inscription que j'ai vu déterrer, en 1848, près de la *lunette d'Arçon*, sur les dépendances de la gare actuelle, et qui est ainsi conçue:

IN· HONOREM· DOM. AVG
...HOVNVS· SEX· MASSIVS· GEN...
...LIANVS. C. CELSWS. MATTO...
...GVSTALES· AQVAM AB ORIGI...
...NT. ET NYMPHAEVM· V...
...PO...

Elle nous apprend qu'en l'honneur de la maison impériale six augustales ont conduit les eaux en ce lieu et établi le nymphæum chargé de les recevoir. On me permettra donc de dire : voilà où les eaux de Gorze étaient recueillies, d'une manière certaine. Mais poursuivons notre étude dans la ville.

Grâce aux patientes investigations de notre infatigable président[1], nous savons que, sur le revers de la colline où se trouve aujourd'hui la rue de la *Vieille-Intendance,* on a trouvé des fûts de colonne, des tronçons d'aqueducs et la double inscription suivante :

....M DOMVS AVGVSTAE
....ERA. ROM. ET. AVG. PISCIN. ET CAMPVM
....IOMATRICIS ET ADVENIS. DEDIT

IN HONOREM DOMUS AVG.
CELERIS F. SAC. ROM. ET. AVG. CAMP. ET PISCINE.

Cette inscription semble nous apprendre que, en l'honneur de la maison impériale, l'empereur romain et auguste Domitien a donné aux Médiomatricks et aux étrangers une piscine avec un champ de Mars, et que Céleris, prêtre de Rome et d'Auguste, a consacré la piscine et le champ de Mars.

Cette piscine, espèce de lieu de natation d'hiver, et cette promenade publique, ce campum, étaient, sans aucun doute, alimentés par les eaux recueillies au nymphæum et amenées par les acqueducs. Il est plus que probable que d'autres

---

[1] Bulletin de la Société d'Archéologie de la Moselle, 1859, p. 162.

monuments d'utilité publique de Metz recevaient encore les eaux de Gorze. Je n'en veux pour preuves que ces aqueducs romains dont on a retrouvé des tronçons place Saint-Martin, rue des Clercs, rue des Trinitaires, rue de la Boucherie-Saint-Georges, rue du Four-du-Cloître, rue du Vivier. M. Victor Simon a constaté [1] l'existence de deux énormes bassins romains au sommet de la colline sur laquelle Metz est bâtie, dans les caves de la maison numéro 12 de la *rue des Trinitaires*. A l'extrémité du plus grand, au nord, on remarque l'entrée d'un aqueduc haut d'environ un mètre et demi, dont les murs sont couronnés par une voûte en plein cintre, en petit appareil. Il est permis de croire que c'était là le lieu où aboutissaient les eaux de Gorze pour se distribuer par toute la ville. Au-dessous de ce bassin est le bâtiment du Vivier, *Vivarium*, qui semble avoir été le marché aux poissons, alimenté aussi par ces eaux.

Il est probable que l'avenir nous réserve encore d'autres documents. Jusqu'à présent il est bon de constater que rien n'établit la présence d'une naumachie et de thermes près de l'amphithéâtre romain, et qu'il est démontré aujourd'hui que les eaux de Gorze, amenées par un aqueduc jusqu'à un nymphæum, étaient utilisées par les Romains pour divers établissements publics, notamment une piscine, et abreuvaient un campum.

---

[1] *Revue d'Austrasie*, 1843. I. 105. Recherches sur l'emplacement du palais des rois d'Austrasie.

NOTES

SUR DES

MONNAIES AUSTRASIENNES INÉDITES

Par M. C. ROBERT.

Les *monétaires* mérovingiens s'élevaient en 1852, dans les collections, à environ dix-huit cents [1]. Le nombre en est aujourd'hui beaucoup plus considérable et les trouvailles ne manqueront pas de mettre au jour de nouveau tiers de sou d'or. C'est un fait curieux qu'une telle dissémination des officines succédant, lors de l'invasion des barbares, au système centralisateur des Romains, qui satisfaisait aux besoins de l'échange en Gaule, en Germanie et dans la Grande-Bretagne au moyen des trois ateliers d'Arles, de Lyon et de Trèves; on ne peut l'expliquer que par des considérations étrangères aux nécessités de la fabrication et, par exemple, par une liaison intime du système monétaire avec le recouvrement des impôts et des revenus de toutes sortes. Cette thèse, développée dans deux de mes ouvrages [2], a obtenu l'appui de plusieurs numismatistes éclairés et l'approbation d'un savant distingué, M. de Petigny, de l'Institut.

---

[1] C. f. Mes études numismatiques sur une partie du nord-est de la France, page 111.

[2] Considérations sur les monnaies romaines. — Etudes num. sur une partie du nord-est.

L'Académie des inscriptions elle-même a bien voulu y donner quelque attention.

Il faut donc s'attendre à rencontrer une monnaie spéciale, au nom de toute localité où s'ouvrait la caisse d'un agent du fisc ou du collecteur d'un revenu quelconque, appartenant aux chefs francs ou à leurs leudes, aux villes ou aux maisons religieuses, etc [1].

Les *monétaires* des Trois-Évêchés dont j'ai fait graver plusieurs planches en 1852 [2], ont vu, comme les autres séries mérovingiennes, leurs rangs grossir dans les cartons des amateurs du pays. Moi-même, bien qu'éloigné de la Lorraine, j'ai été assez heureux pour recueillir deux nouveaux trientes frappés aux environs de Metz.

† MALLO CAMOPIONE H; tête à droite.

℟. † LANDILINO MONIS FI; dans le champ, une croix à branches égales, anglée des lettres C et A.

Or blanc, pesant 1gm 30.

J'ai déjà publié une monnaie du même atelier, mais portant *Mallo campione* et un autre nom de monétaire, *Adelenus* [3]. Je n'ai rien à ajouter aux hypothèses que je faisais alors sur le lieu dont le nom s'écrivait à l'ablatif

---

[1] C'est ainsi que l'on trouve des *trientes* mérovingiens pour les diverses localités de Lorraine qui possédaient des salines ; les noms d'hommes qui se lisent sur ces monnaies sont ceux des fermiers ou des agents de surveillance des puits.

[2] Etud. num. sur une partie du nord-est.

[3] Etudes num. page 129, pl. V, fig. 13.

campione ou *camopione* et où, à la suite d'un mâl annuel, on aura établi un forge monétaire. Était-ce Champion ou Champenou?

† IVVADICIV † VI; au centre une tête à droite, identique de style et de types, à celle des trientes frappés à Metz par Theudelenus, Neudellius, Ansoaldus, Landoaldus, etc.

℞. † VCICVTISVTISVITA; dans le champ, une croix à branches égales, cantonnée des sigles habituelles de l'Austrasie, C et A.

Bon d'or pesant 1,26 gramme.

Les caractères de cette pièce sont tellement messins, que tout numismatiste un peu exercé n'hésitera pas à admettre, avec moi, qu'elle a été frappée dans un atelier très-voisin de la capitale de l'Austrasie. Si maintenant nous nous reportons aux savantes recherches de M. Ch. Abel, nous voyons que le village de Yutz, situé sur la rive droite de la Moselle, en face de Thionville, remonte à la plus haute antiquité; qu'on a retrouvé sur ce point un grand nombre de briques romaines sur deux desquelles on a lu ADIVTITI [1] et ...VTEX, fin du mot ADIVTEX, tracé sur plusieurs poteries conservées à la bibliothèque de Trèves; que le nom de cette localité était devenu plus tard *judicium*, ainsi que le constate le procès-verbal du synode de 845, etc.

L'analogie des noms gallo-romains ADIVTITI, ADIVTEX

---

[1] Article de M. Victor Simon, Mémoires de l'Académie de Metz, 1851, page 152.

et du nom carlovingien IVDICIVM, avec la légende mérovingienne IVVADICIV, permet, guidé que l'on est par le type et le *faire* de la pièce, de la classer avec beaucoup de probabilité à Yutz. On sait d'ailleurs combien l'orthographe des noms de lieu était variable à l'époque romane.

Ajoutons que Yutz, établi sur l'embranchement qui reliait la voie romaine de la rive droite de la Moselle à celle de la rive gauche, embranchement réparé, dit-on, sous les mérovingiens [1], était le point d'un péage important et devait, dans notre système, avoir un atelier monétaire qui en transformait les produits en tiers de sou d'or.

La syllabe VI qui suit le mot IVVADICIV, après une croisette séparative, nous apprend que Yutz avait, à cette époque, la désignation de Vic, comme d'autres ateliers monétaires austrasiens, tels que Marsal, Dieuze, Moyen-Vic, etc [2].

Quant à la légende du revers, j'avoue qu'elle est pour moi une énigme, que nos confrères de la Société archéologique messine peuvent seuls débrouiller.

Voici un autre triens austrasien, de ma collection, qui mérite également d'être reproduit.

COLONIA CIVI, tête à droite, *faire* analogue à celui de plusieurs monnaies de Metz.

---

[1] Ch. Abel. — Voies romaines, 1858, broch. in-8°.

[2] Une autre localité voisine de Metz, dont le nom BOTVNISVT nous est révélé par un triens, était aussi qualifiée de Vic. (Voyez mes études num. sur une partie du Nord-Est, p. 151).

℞. GAVCEMARE MI; croix longue, pattée, élevée sur un globe.

Bon or pesant 1,25 gramme.

Le tiers de sou décrit par Conbrouse, dans le recueil des 920 monétaires, portait COLVNIA CIVET et SYNONE MONE.

Je termine cette note par la description de deux deniers, l'un mérovingien, l'autre de Charlemagne, qui par la similitude de leur type et de leurs caractères épigraphiques, appartiennent à un même atelier.

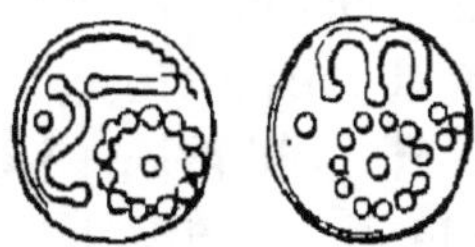

(N° 1.) Couronne ou anneau de perles, avec un point au centre; en dehors un S et un I ou une barre.

℞. Anneau semblable surmonté d'un M.

Argent; flan épais; pesant 1,255; ma collection; trouvé, je crois, en Lorraine.

(N° 2). CAROLVS en deux lignes, séparées par une barre ponctuée, qui se bifurque à ses extrémités.

℞. † S. CE. MITR; au centre une couronne identique à celle de la pièce précédente.

5

Argent; flan mince; pesant 1 gr. 03; trouvé aux environs de Toul. Ma collection.

Examinons d'abord la deuxième pièce qui est plus complète. La légende, suivant qu'on admettra que les points séparent des mots distincts ou sont seulement employés comme signes d'abréviation, se lira *Santi* CE. MITR ou SCE (sanctæ) MITR, sous-entendu moneta.

Dans le premier cas, ce denier aurait été frappé dans un lieu qui aurait pris le nom de son patron, CE...., suivi de quelque surnom commençant par MITR. Dans la seconde hypothèse, cette pièce serait le produit du monnayage de l'un des nombreux monastères qui ont disparu, du neuvième au dixième siècle.

Le Charlemagne que je viens de décrire a un certain air de famille, par son type et surtout par son faire, avec le denier de Verdun que j'ai publié en 1852 [1] et surtout avec un autre denier de la même ville, découvert depuis à Duerstède, par M. de Coster; aussi serais-je disposé à admettre qu'il appartient à la partie de l'Austrasie qui forma, plus tard, le royaume de Lorraine. Mais de quel atelier est-il sorti? Il y a bien le Ménil ou Menil-mitry, ancien franc-alleu, à 36 kil. sud de Nancy, où l'on aurait, suivant la tradition, frappé monnaie au moyen âge; mais que signifieraient l'adjectif saint et la syllabe CE placés devant ce nom? Il faut chercher ailleurs et, comme je l'ai indiqué tout à l'heure, parmi les monastères qui ont disparu. Je dois ajouter que M. de Longpérier, à qui j'ai communiqué cette belle pièce, la croit du midi; dans ce cas il faudrait admettre une inversion et lire CE. S. MITR. Les lettres CE signifieraient alors CENOBIVM, comme sur les monnaies de l'abbaye de Tournus, et la pièce appartien-

---

1 Etudes num. sur une partie du Nord-Est, pl. XII, fig. 6.

drait à quelque maison religieuse, placée sous le vocable de saint Mitre [1].

Le denier mérovingien, nº 1, est incomplet; mais on y voit parfaitement la couronne et, tant au droit qu'au revers, les principales lettres qui entrent dans le nom de lieu tracé au revers de la monnaie de Charlemagne. Ce denier appartient à la fin de la période mérovingienne.

Paris, le 25 juin 1850.

---

[1] On voit, dans la cathédrale d'Aix, en Provence, un curieux tableau du XVe siècle, représentant, au premier plan, le vigneron Mitre, sa tête entre les mains, et, dans le fond, l'histoire du martyre de ce saint.

NOTICE

SUR LA

CHAPELLE SAINTE-REINETTE,

Par M. Ch. Abel.

Nos vieux monuments disparaissent peu à peu du sol messin, sans laisser de traces de leur existence que dans nos chroniques et dans nos cartulaires. C'est donc une bonne fortune quand le marteau des démolisseurs met à jour quelques rares épaves du temps passé; et c'est un devoir pour les archéologues du temps moderne de recueillir pieusement ces débris pour aider à reconstituer l'histoire de nos antiques monuments. M. Cailly vient de faire démolir une petite maison située rue Nexirue. En creusant des fondations on a trouvé, à deux mètres de profondeur, un mur fort épais avec contrefort, et une voûte avec nervures à boudin, assis sur une couche de tuiles romaines et de pierres calcinées au milieu desquelles gisaient des ossements et une tête de mort.

Ces débris semblent avoir fait partie d'un bâtiment religieux construit parallèlement à la *rue Nexirue*. Dans un mur intérieur de la maison démolie, on a trouvé, encastrée au rez-de-chaussée, une statue en pierre représentant un chevalier à genoux, la tête nue, les mains jointes, la poitrine recouverte de la cuirasse, de la cotte de mailles, et accusant le faire des statuaires du quinzième siècle. M. Cailly l'a fait transporter dans la galerie du musée archéologique de la ville.

Il nous a semblé que ces débris sont les derniers souvenirs de la *Chapelle Sainte-Reinette*, et qu'il serait utile d'esquisser à ce sujet une notice sur l'histoire de cet ancien édifice qui a complètement disparu sans que personne ait jamais daigné s'occuper d'étudier son passé.

Le plus ancien document que nous ayons découvert sur cette chapelle date du 25 août 1328, c'est un acte rédigé en latin qui nous apprend qu'au quatorzième siècle existait en ce lieu un hôpital dépendant de celui de Saint-Nicolas, et affecté spécialement à des clercs de Metz. Il y avait place pour treize prêtres peu fortunés. Cet hôpital, avec ses dépendances, occupait un assez grand développement de terrain, et il avait valu à la rue voisine le nom de rue des Clercs messins. L'acte de 1328 qualifie les habitants de cet hôpital de clercs stipendiés de l'hôpital Saint-Nicolas de Metz, dans la rue des Clercs messins : *Clericos stipendarios hospitalis beati Nicolay in vico clericorum metensium.* Il paraît que cet hôpital ecclésiastique fut créé par un aumônier du Chapitre de la cathédrale sur l'emplacement du jardin de l'aumônerie [1]. En 1328, l'hôtel de l'aumônerie faisait partie intégrante de l'hôpital ; c'était messire Bœmond qui alors l'habitait en qualité de grand aumônier. Il en résulta que le Chapitre de la cathédrale ne cessa de conserver la haute main sur la gestion de cet hôpital de prêtres, ce dont se plaignirent les clercs qui prétendaient qu'on ne leur payait point leur pitance, quoique le fondateur de l'établissement leur eût formellement alloué à chacun quinze quartes de blé à prélever sur la prébende de l'aumônerie à Vercly [2], Borny, Grigy. Une transaction eut lieu le 30 septembre 1328 entre le Chapitre de la cathédrale et la com-

---

[1] *Archives départementales de la Moselle*, — Chapitre de la cathédrale de Metz. — G.

[2] Village ruiné, jadis, situé près du cimetière de l'Est. — (Voir *Mém. Acad. de Metz*, 1848. Notice de M. Clercx.)

munauté des Clercs de Saint-Nicolas, par laquelle ceux-ci eurent le droit de recevoir leur arriéré sur la dîme de *Werkilley*. Cette transaction fut ratifiée par les chanoines, parmi lesquels nous remarquons Nemmery (dit Baudoche), *Nemmerico dicto Badoiche,* Jacques (dit le Gronaix), *Jacobo dicto le Gronaix*. C'est ce chanoine Nemmery, surnommé Beaudoche, qui eut un domestique appelé Nicolas. D'après une chronique [1], ce serviteur se rendit coupable de certain méfait qui lui mérita de la part des Treize une condamnation à mort. Le chroniqueur prétend que Nicolas était innocent et qu'il avait été condamné à la suite d'un aveu provoqué par les tortures de la question. Ce drame s'était accompli *rue Nexirue,* dans la prison ou vouerie. Nemmery Baudoche se rendit près de son malheureux domestique qu'il ne pouvait croire coupable. Et il lui dit, — rapporte le chroniqueur :

Puisqu'ainsi tu es innocent
Du crime que tu vas confessant,
Prie le glorieux saint Nicolas,
Tu recevras de luy soulas.

L'infortuné condamné n'eut garde de ne pas suivre ce conseil, et le chroniqueur continue :

Ainsi que mourir il devait,
Le bourreau qui bien s'efforçait,
Son office allant s'exerçant
Des deux bras devint impuissant !
Plusieurs étaient en la présence
Voyant ce miracle et puissance
De Dieu, alors subitement
Crièrent : *C'est qu'il est innocent !*

Voilà tout ce que rapporte une chronique du quinzième siècle, mais les écrivains des siècles suivants, brodant sur

---

[1] Chroniques de Jean Le Chatelain.

ce récit déjà passablement fantaisiste, font passer ce Nemmery Baudoche pour le fondateur de la chapelle Sainte-Reinette et des treize prébendes qui y sont attachées. Cette induction a été acceptée sans contrôle par tous nos historiens [1]. Viville dit positivement qu'en 1354 Baudoche, grand-aumônier de la cathédrale, acheta l'emplacement situé entre la *rue des Clercs* et la *rue Nexirue*, où se faisaient les exécutions; que là il fonda la *collégiale de Sainte-Reinette* et y institua treize prébendes pour de jeunes et pauvres clercs. Les bénédictins l'avaient déjà dit à peu près dans les mêmes termes sans être aussi affirmatifs sur la date. Il en est de même de P. Ferry, qui ajoute que Baudoche donna à la ville une pièce de terre entre le *Pont-des-Morts* et le *Pont-Thieffroy* pour y faire désormais les exécutions. Les archives de la collégiale de Sainte-Reinette renfermaient jadis [2] une pièce datée de 1355, contenant une transaction entre le Chapitre de Metz et les clercs de l'hôpital Saint-Nicolas, sans qu'il soit fait mention de Nemmery Baudoche, l'aumônier, ni de sa fondation.

C'est donc par tradition que ce fait est établi. Il est probable que Nemmery Beaudoche aura racheté la vie de son domestique par la construction d'une chapelle à élever sur l'emplacement de l'échafaud. Elle fut ajoutée à l'hôpital des clercs et dédiée (on ne sait pas pourquoi) à sainte Reinette, dont le nom ne figure point sur le martyrologue romain.

La chronique nous apprend qu'un siècle plus tard cette chapelle de Sainte-Reinette

> Estoit fort petite et ruinée
> Et assez mal proportionnée.

---

[1] *Hist. de Metz*, par les Bénédictins, — Dieudonné, — Viville, — d'Hannoncelles, — de Bouteiller.

[2] Inventaire de la Collégiale. — Arch. dép. Moselle.

C'est ce qui excita Henriet Roucel, aumônier, à faire rebâtir

> La chapelle qui est sur la rue
> Pour être d'un chacun mieux vue.

Ce fait est confirmé par l'inscription suivante qui se voyait encore en 1770, sur la muraille de la chapelle [1] :

> Henriet Roucelz ecuyer
> de la grant église aumonier
> fit faire à neuf cet oratoire
> en l'honneur de Dieu et gloire
> et fut commencé en l'année
> qui est ci-après signée
> 1488.

Jusqu'au dix-septième siècle, l'histoire de cet édifice nous échappe ; mais le pied terrier redigé le 16 mars 1614 nous apprend quels étaient les revenus des *confrères prébendiers de l'hospital des Clercs qu'on dit Sainte-Raynette*. Cette confrérie (improprement appelée collégiale) possédait des rentes sur des maisons situées à Metz [2], près de l'hôpital en Chambre, autour du Port-Saillys, en Chambre, derrière la halle des Vissiez, autour de la rue Lachebarbe-sur-Seille, en la ruelle des Waides, près la porte des Allemands, outre Muzelle, en Saint-Vincent, derrière Saint-Jehan-en-Chambre, rue de la Trinité, derrière le palais, en la ruellette de l'Eau, devant la porte de l'hôpital Saint-Jehan-en-Chambre, devant Saint-Mamin, en la rue des Waides, en Gobuelcort, en Gla-

---

[1] *Histoire de Metz*, par les Bénédictins, II, p. 555.

[2] Ces indications sont précieuses pour l'histoire des rues de Metz.

tigny, devers les moulins de Muzelle, en la vigne Saint-Avolz, à Staixon sur le tour de la rue de la Princerie, au Quartaut, sur les Murs.

La confrérie des frères de Sainte-Reinette possédait en outre les dîmes des villages de Vercly, Grigy, Borny et du ban des Treize (Queuleu et Plantières). Mais le chapitre de la cathédrale lui contesta cette prétention aux dîmes, attendu que chacun des treize prébendiers de la chapelle Sainte-Reinette n'avait droit qu'à quinze quartes de blé sur les revenus de ces villages. En 1637, le parlement donna gain de cause au chapitre. Depuis cette époque jusqu'à la Revolution, la confrérie de Sainte-Reinette et le chapitre furent constamment en procès. Le plus curieux fut celui qui survint en 1692. La dame de Furstemberg habitait rue Nexirue en 1680, non loin de la chapelle Sainte-Reinette. Elle obtint d'y faire dire chaque jour une messe pour elle et ses gens pendant dix-huit mois. A son départ elle fit cadeau à la chapelle de chasuble, étole, coussins et ornements d'une grande richesse.

L'aumônier les prit pour son usage personnel, les prébendiers de Sainte-Reinette les reclamèrent pour la fête de leur patronne et ils ne voulaient plus les rendre. De là naquit une contestation interminable dans laquelle les prébendiers eurent le dessous. Ils ne cessèrent de se plaindre de ce que le chapitre voulait faire disparaître leur chapelle pour avoir leurs prébendes, et l'accusaient formellement d'avoir fait disparaître leurs titres, ce qui expliquerait jusqu'à un certain point l'absence de tout document sur l'origine de *l'hospital des Clercs de Sainte-Reinette*. Quoique très-amoindrie par ces procès, cette confrérie subsista néanmoins jusqu'en 1790. Et les divers plans [1] de Metz

[1] Plan de Fabert, 1610. — Plan de Tassin, 1631. — Plan de Mérian, 1655. — Plan de Molina, 1696. — Plans de 1738-1774-1778. — Plan de Ratzamar, 1780. — Plan de 1784.

que l'on possède marquent l'église de Sainte-Reinette. Elle fut démolie en 1797 pour être remplacée par des maisons particulières.

Déjà en 1692 les clercs de Sainte-Reinette se plaignaient que le grand-aumônier de Goize avait métamorphosé le lieu saint en convertissant la sacristie en une remise, une chambre à four et un passage public entre les *rues des Clercs* et Nexirue. Ils ajoutaient que ce prêtre avait fait bâtir un appartement au-dessus de la chapelle qui, en même temps, avait perdu son autel de sacristie, ses bancs, ses tableaux, ses prie-dieu, ses ornements. Cette chapelle avait une seule nef et un clocher pointu. Il est probable qu'elle était de style gothique, à fenêtres ogivales, conformément aux constructions du quinzième siècle.

Il est permis de penser que c'est cette chapelle, rebâtie, en 1488, par Henriet Roucel sur la crypte de celle fondée par Baudoche en 1354, dont on vient de mettre au jour les débris et que la statue retrouvée est celle d'Henriet Roucel, qui accompagnait sans doute l'inscription commémorative et sa sépulture en ce lieu.

NOTE

SUR UN

VOYAGE A METZ

FAIT A LA FIN DU SEIZIÈME SIÈCLE,

traduit du latin de Jodocus Sincerus,

PAR M. E. DE BOUTEILLER.

Il y a quelques années que l'un de nos plus érudits voisins de Nancy, M. G. Du Mast, publia, dans le Bulletin de la Société d'archéologie lorraine (t. III. — 1852.), une intéressante notice sur l'état du duché au commencement du dix-septième siècle, d'après une relation de voyage de ce temps, intitulée : *Itinerarium Galliæ*, et dont l'auteur porte le nom, pseudonyme ou authentique, de *Jodocus Sincerus*. Cet ouvrage se trouve à Nancy, entre les mains de deux amateurs de livres rares. Un des exemplaires, réduit à l'état de fragment, d'après Du Mast, appartient à M. Piroux. Il porte la date 1616 et a été imprimé à Lyon. L'autre, très-complet mais moins correct, est en la possession de M. l'abbé Marchal. Il porte le nom de son imprimeur, Jodocus Jansonius, à

Amsterdam, et la date de 1655. Ce livre n'existe pas, à ma connaissance, dans notre ville. Ce qui est sûr du moins, c'est que notre bibliothèque ne le possède pas. M. Du Mast prouve, avec autant de logique que d'érudition, que le voyage de Jodocus doit avoir eu lieu de 1600 à 1610. Pour le pays Messin il faut, ainsi qu'on le verra, abaisser cette date de vingt années au moins.

Il m'avait semblé qu'il pouvait y avoir quelque intérêt à emprunter à cet ouvrage ce qui se rapporte à notre ville, comme M. Du Mast l'a fait pour la Lorraine, et j'ai facilement obtenu de l'obligeance de M. le curé Marchal la communication des quelques pages consacrées au pays Messin. Mais ce ne sera pas seulement à cause de l'infériorité de son auteur que cette notice restera bien loin de celle dont l'érudit nancéen a enrichi les Mémoires de la Société lorraine. Le texte de Jodocus présente pour le duché, et en particulier pour Nancy, un certain développement, des aperçus historiques qui ne manquent pas de justesse, des descriptions de lieux et de choses dont la minutieuse exactitude a pu être vérifiée. Pour notre ville, au contraire, il passe rapidement; il s'en rapporte au jugement d'un auteur précédent et lui emprunte ses impressions. Il fait presque douter qu'il soit entré à Metz ; de sorte que ce n'est plus le voyage de Jodocus lui-même qui est soumis à votre attention. Cependant, et quel que soit le nom de l'auteur, il ne faut pas que l'obligeance de M. l'abbé Marchal soit perdue pour nous. Du reste, quelques détails curieux, quelques traits dignes de remarque contenus dans l'extrait que j'ai à vous soumettre, excuseront peut-être à vos yeux l'insignifiance que l'on est en droit de reprocher à la plus grande partie. Mais avant de donner cet extrait, il convient, ce me semble, de dire brièvement quels sont ces voyageurs et ces lettrés du seizième siècle auxquels nous devons la relation qui nous occupe.

Ils portent le nom de *Jodocus Sincerus, Petrus Divæus et*

Paulus Merula. Ils ont consacré à notre ville quelques pages à peu près identiques dans trois ouvrages descriptifs presque contemporains et composés sur un plan semblable. D'après l'aveu de Jodocus, c'est du second que le voyage, par rapport à notre pays, présente seul un caractère authentique.

De ces trois écrivains Jodocus est le moins connu, je n'ai trouvé son nom dans aucun ouvrage biographique. La première partie de ce nom est la forme latine de celui de Josse, prénom commun dans les Pays-Bas; la seconde partie ressemble un peu à un nom de guerre, ainsi que le dit M. Du Mast.

Quoiqu'il en soit de la question de personne qui reste à l'état purement hypothétique, le voyage de Jodocus en France présente des qualités réelles et surtout un cachet de bonne foi et de sincérité remarquable. On sent qu'il ne dit que ce qu'il a vu et qu'il a ressenti les impressions qu'il détaille. J'ai dit que Metz forme, il est vrai, et par malheur, exception dans ce que ce jugement a de favorable, et qu'il ne fait guère à son sujet que s'en rapporter à un tiers. Je crois que l'explication en est contenue dans une phrase de sa notice : « *Exteris ægrè introitus patet.* » Il aura trouvé sans doute quelque difficulté à pénétrer dans la ville, peut-être alors émue de quelque trouble comme elle en eut souvent à subir à cette époque, et il aura préféré prendre à un autre une appréciation toute faite plutôt que de chercher, pour se créer la sienne, à lever des obstacles qui lui paraissaient insurmontables. Il en résulte que ce qui est relatif à Metz est plus ancien que le reste d'au moins une vingtaine d'années, car celui auquel il l'emprunte est mort en 1591. Mais au sujet de Jodocus et de son voyage, ce qu'il y a de mieux à faire est de se reporter à la notice de M. Du Mast : on y trouvera tout ce qu'on peut savoir et conjecturer de lui, développé avec autant d'érudition que de logique. Du reste, Jodocus, par la confidence qu'il fait à ses lecteurs, se place au second rang en ce qui touche la narration relative à notre ville. C'est Petrus Divœus qui est le vrai voyageur, c'est à lui réellement qu'est dû le récit que nous reproduisons. Nous devons donc donner une indication sommaire sur le compte de ce personnage.

Petrus Divœus ou Pierre van Dieven est un érudit Louvaniste qui, né en 1536, consacra sa vie aux lettres et aux recherches historiques tout en remplissant dans sa patrie des fonctions de magistrature municipale. Successivement greffier, conseiller et pensionnaire de sa ville natale, il fut chargé de dépouiller les archives et de réunir en corps de doctrine les chartes et les actes publics sur lesquels reposaient les droits et priviléges de la cité. Ce travail exigea à plusieurs reprises des voyages plus ou moins lointains à la recherche de quelque pièce égarée ou de quelque vérification difficile, et les fragments d'itinéraires qu'il a laissés ont été sans doute composés dans ces conditions.

Pierre de Dieven, mort en 1591, a laissé plusieurs ouvrages d'une grande importance historique parmi lesquels nous citerons au premier rang son livre sur les antiquités de la Gaule-Belgique (Anvers 1566). Cornélius de Nelis, archevêque d'Anvers, parle longuement de Dieven et en termes flatteurs dans son *Prodrome d'histoire belge ;* la biographie de Michaud lui a aussi consacré un article (tome XI).

Merula ne paraît que d'une manière tout à fait accessoire, dans notre article; son nom seul y est cité. Cependant il a, lui aussi, apporté à Jodocus sa part de collaboration. C'est à lui qu'est empruntée toute la description des quatre rivières qui arrosent notre pays, c'est-à-dire la Moselle, la Meuse, la Meurthe et la Sarre, à ce titre il mérite d'être aussi l'objet d'une brève indication.

Paul Merula ou van Merlen, né à Dordrecht en 1558, s'adonna tout entier aux lettres. Après avoir parcouru l'Europe en y recherchant tous les moyens de s'instruire et en se liant avec les hommes les plus éminents du monde savant de ce beau siècle, il devint, en 1592, successeur de Juste Lipse, à l'université de Leyde; mais l'excès de l'étude détruisit sa santé et il mourut en 1607, bien éloigné d'avoir donné à la science tous les résultats qu'on pouvait attendre de ses remarquables talents et de ses infatigables recherches. La liste de ses ouvrages est cependant considérable, on la trouve dans les *Mémoires de Nicéron* (t. XXVI). Almeloven a donné, dans la *Bibliotheca promissa et latens* (t. I), celle des œuvres qu'il se proposait de mettre au jour. De tous ces ouvrages nous ne citerons que celui dont parle Jodocus, sa cosmographie, parue sous le titre suivant: « *Cosmographiæ generalis libri tres, item geographiæ particularis libri quatuor.* » (Amsterdam 1605. in-4°). C'est un livre plein de détails intéressants et très-exacts pour l'époque, qui contient la description de la France, de l'Espagne et de l'Italie. La suite devait sans doute paraître plus tard sans la mort prématurée de l'auteur.

Voici maintenant le texte de l'*Itenarium Galliæ*, avec sa traduction et quelques explications nécessitées en plus d'un endroit par un peu d'obscurité:

Metæ, olim Divodurum, mediomatricorum dicta urbs, vulgo *Metz* unde et territorium circa jacens novissimè *le pays messin* appellatum. Urbs olim regia et metropolis Austrasiæ, hodie episcopalis: romani haud ita pridem imperii sed a rege franciæ anno 1552 cum aliis occupata. Castellum in editiore loco rex fieri fecit munitissimum quod et tutendæ et in officio continendæ urbi sufficit.

Exteris ægre introitus patet. De hac urbe Petrus Diveus hœc in itinerario notat excerpta in cosmographiam suam à P. Merulâ, p. 633, queis non videbaris fraudendus.

« Metensis urbs in amplâ sita est planitie quam Mosella in varios divisûs alveos irrigat et pars quidem ejus muros ad lœvam lambit, pars et eosdem subit ut civium usibus inserviat; atque sic divisim fluit ad inferiorem usque eorum ambitum, ubi receptâ Sellâ altero fluvio qui dexteram urbis partem abluit in unum denuò alveum colligitur. Sed situ in primis ipsius urbis delectabantur.

» Cum enim agrum late circumjacentem planum habeat ejus tamen area paulum prominet ut in eo veterum rationem in condendis urbibus agnoscas; ad summum quippè templum multis gradibus ascenditur. Juxtà quod forum rerum venalium altiorem totius areœ partem occupat et ab eo undique versùs muros paulatim descenditur prœrupto tantum unâ parte clivo ubi vias duas lapidibus stratas sic dispositas videas ut altera per alterius domorum culmina excurrat. Templum Divi Stephani nomen tenet qui civitatis est patronus. Pulcherrimum verò opus, si quod aliud toto hoc itinere vidimus, et suâ mole spectabile, quodcumque rarè accidit omni ex parte consummatum. Dicebatur in eo fuisse crucifixi ligneam imaginem totam laminis aureis super inductam. Vidimus labrum porphyreticum rubri coloris magnæ capacitatis pedes X longitudine excedens, in quo lustrales aquas adservant.

» Sunt et alia in hâc eâdam urbe sumptuosa templa et multa erant in ejus suburbiis inter quæ D. Arnoldi basilica, Imp. Ludovici pii, Augusti, Carolii filii et filiarum aliquot Pipini regis sepulturâ celebris.

» Omnia hæc absumpsit belli rabies ita ut suburbii ne vestigium quidem nunc supersit neque ultrà muros quidquam prœter campestria videas. »

De hâc urbe sufficiat tibi hæc Divæi purpura panno meo intersecta : quin et ex eodem hoc tibi habe de antiquis in vicinæ aquæ ductibus quos vulgus imperitum comminiscitur pontem à diabolo structum.

« In hoc itinere pagus est *Jovy* vulgo dictus inter montium radices et Mosellam, ubi quantacumque est inter montes utrosque qui ripas ambiunt distantia aquæ ductum antiquitûs fuisse indicant ejusdem quæ adhuc exstant reliquiæ. Arcuum adhuc restant multi sunt que ex albo lapide in laterum formam dissecto, et non nulli quoque ejusdem operis in adversa ripâ cernuntur.

» Incolæ adferebant in eodem loco fontem hodie que esse quamvis hos arcus (solitâ inscitiâ) ponti inserviisse putantes et ab hoc pago in montis ipsius jugo minores alios areus fuisse dicebant qui versus urbem Metensem quæ uno hinc distant miliari excurrisse viderentur.

» Altitudo juxta ripam pedum est circiter 60 unde congiscere est quanta totius operis moles fuerit quantaque altitudo arcuum qui in ipso erant fluminis alveo quorum hodie nihil superest.

» Referebant iidem incolæ superiorem arcuum partem planam omninò esse cementoque rubri coloris inductum et in ejus medio domunculam non ita multis ab hinc annis fuisse, ab utrâque parte patentem, quam nos partem tectis fuisse quo tubus tegeretur suspicabamur. »

Traduction.

Metæ, autrefois appelée Divodurum, capitale des Médiomatricks, porte le nom de Metz, et le territoire qui l'environne celui de pays messin. Cité jadis royale et métropole de l'Austrasie, elle est aujourd'hui siége d'un évêché, et après avoir appartenu à l'empire romain, a été occupée par le roi de France, en 1552, avec plusieurs autres. Le roi y a fait construire une citadelle sur un lieu élevé [1], armée d'une manière formidable, qui suffit à défendre la ville et au besoin à la contenir. L'entrée de la ville est difficilement ouverte aux étrangers [2]. Pierre Divœus [3] donne sur elle, dans son Itinéraire, les détails suivants que Paul Mérula [4] a reproduits dans sa Cosmographie et dont je ne crois pas devoir priver le lecteur :

« La ville de Metz est située dans une vaste plaine [5] que la Mo-

---

[1] *Editiore loco* est une expression un peu ambitieuse pour la modeste assiette de notre citadelle. On sait au contraire que sa trop faible hauteur au-dessus du niveau de la ville fut une raison qui lui ôta toujours presque toute valeur militaire.

[2] On sait combien était peu régulière au point de vue du droit la position de Metz, française de fait depuis 1552, mais de fait seulement jusqu'à la paix de Westphalie en 1648. On sait tous les troubles qui s'y produisirent à la fin du seizième siècle, les agitations de la ligue, les désordres des Sobolles. Il n'est donc pas extraordinaire que la surveillance des étrangers y fut exercée très rigoureusement et que ce ne fut qu'avec peine qu'ils pussent y pénétrer.

[3] Petrus Divœus. — Itineraria, t. II.

[4] Paulus Merula. — Cosmographiæ, cap. 44.

[5] *Vaste plaine* est une expression qui manque de justesse pour un site dominé presque de toutes parts par des collines.

selle arrose en s'y partageant en plusieurs bras. Il en est un qui baigne ses murailles sur la gauche ; un autre pénètre dans son enceinte pour servir aux besoins de ses habitants [1]. Le fleuve coule ainsi séparé jusqu'à l'extrémité de la ville où il reçoit la Seille, autre rivière qui en baigne le côté droit, et dès lors il réunit toutes ses eaux en un seul lit.

» Dès le premier abord les yeux sont charmés par la position de la ville, car au milieu d'une vaste campagne toute unie, son sol forme une légère éminence, et l'on y reconnaît bien les principes ordinaires des anciens pour la construction de leurs villes. Aussi n'arrive-t-on à l'église principale que par un grand nombre de degrés. [2] Auprès de là, est la place [3] où se tient le marché, qui occupe la partie la plus haute du plateau. Du sommet de la colline on descend de toutes parts vers les murailles, par des pentes douces, sauf un point où la pente est très-raide et où se trouvent deux rues pavées en pierres et disposées de telle sorte que l'une circule à la hauteur des toits des maisons de l'autre [4].

» La grande église porte le nom de saint Etienne qui est le patron de la ville. C'est une œuvre magnifique entre toutes celles que j'aie vues en ce voyage ; admirable par sa grandeur et, ce qui est bien rare, achevée dans toutes ses parties [5]. On m'a dit qu'elle

---

[1] C'est bien la disposition actuelle ; le bras qui traverse la ville sert à mettre en mouvement les moulins et les usines.

[2] Il est facile de reconnaître là les *degrés de chambre* qui étaient bien plus apparents avant la construction du pâté de la cathédrale.

[3] Sur la place St-Étienne s'est de tout temps tenu un marché. Il n'y a que peu d'années qu'on y débitait encore les viandes de basse qualité ; on y tenait également un marché de ferraille.

[4] Cette pente raide me paraît être le revers escarpé de la colline qui descend vers la Seille, et ces deux rues, superposées pour ainsi dire, la rue des Murs et celle de Saulnerie.

[5] La cathédrale était, à la fin du seizième siècle, dans toute sa splendeur architecturale. La coûteuse part prise à la Ligue par le chapitre et le clergé messins, avaient, il est vrai, porté atteinte à sa richesse. Mais c'était seulement son trésor qui avait vu disparaître la plupart de ses magnificences. Mais le monument était resté intact avec sa superbe décoration d'autels, de tombeaux, d'ornements de toutes sortes aujourd'hui disparue.

possédait un crucifix en bois tout entier couvert de lames d'or [1]. J'y ai vu une cuve de porphyre [2] de couleur rouge, d'une vaste contenance dont la longueur dépasse dix pieds et qui sert à conserver les eaux lustrales.

» Il y a encore en cette ville d'autres églises somptueuses et il y en avait plusieurs dans les faubourgs, parmi lesquelles la basilique de Saint-Arnould [3] célèbre par la sépulture de l'empereur Louis-le-Débonnaire, fils de Charlemagne, et de plusieurs filles du roi Pépin. Mais la fureur de la guerre s'y est tellement exercée qu'il n'en reste plus aucune trace et qu'au-delà des murs on ne voit plus rien que l'aspect de la campagne. »

Que le lecteur se contente, au sujet de cette ville, de ce lambeau de la pourpre de Divœus cousu à ma grossière étoffe. J'y joindrai cependant encore, en les empruntant au même ouvrage, les détails suivants sur un antique aqueduc destiné à amener les eaux de

---

[1] Ce crucifix était le fameux saint Honoré qui pesait près de cent marcs et qui était enrichi de pierreries. Il fut réduit en 1567 à l'état de lingot et remis au cardinal de Lorraine pour les besoins de la Ligue. Sa disparition causa une grande affliction aux Messins. Le dépit de cette perte inspira à un rimeur contemporain une boutade vigoureuse que j'ai recueillie dans une chronique rimée où les affaires du temps sont présentées sous une forme très-piquante et où le cardinal de Lorraine est assez mal traité. Il a été imprimé plusieurs fois que ce crucifix était d'or massif. Mais notre voyageur est dans le vrai, car il dit dans ces vers.

« Au dedans je suis en bois pourry. »

[2] La cuve de porphyre de la cathédrale est un de nos plus beaux débris antiques ; elle fut trouvée vers 1730 sur les glacis de la porte Saint-Thiébault. Elle sert encore aujourd'hui au même usage qu'à l'époque où la vit Pierre Divœus. Elle était autrefois connue sous le nom de cuve de saint Jean. (*Voir sa notice dans Bégin et dans les Bénédictins*).

[3] La célèbre basilique de Saint-Arnould, construite en 1049, fut démolie en 1552 pour les besoins de la défense. Tel était le respect qui entourait ce vénérable édifice, que ce ne fut qu'à la dernière extrémité que le duc de Guise se décida à la détruire. Les illustres reliques qu'elle contenait furent transférées en l'église des Jacobins qui prit le nom de Saint-Arnould. (Voir l'*Histoire de Saint-Arnould*, par M. le général de Boblaye, et surtout celle de M. l'abbé Noël, quand elle aura paru).

sources voisines et que le peuple ignorant se figure être un pont bâti par le diable [1].

« Sur cette route est un bourg nommé Jouy, entre la base des montagnes et la Moselle, où tout l'espace qui sépare les deux chaînes de collines qui bordent le fleuve fut franchi par un aqueduc antique dont plusieurs fragments encore debout indiquent la place. Il en subsiste un certain nombre d'arches qui sont en pierres blanches [2] taillées en formes de briques, et sur l'autre rive s'aperçoivent aussi plusieurs débris de cette construction [3].

» Les habitants m'ont dit qu'en ce lieu il y avait une source [4] qui existe encore; quoiqu'ils supposassent avec leur sottise accoutumée que ce monument avait servi de pont, ils ont ajouté qu'à partir de leur village et sur le revers de la montagne il y avait d'autres arches plus petites qui paraissaient se diriger vers la ville de Metz qui est distante de ce lieu d'environ un mille [5].

» La hauteur auprès de la rive est d'environ soixante pieds, d'où il est facile de déduire quelle devait être la grandeur de tout le travail et quelle hauteur devaient avoir les arches qui s'élevaient

---

[1] La superstition populaire qui donnait aux Arches de Jouy le nom de *Pont-au-Diable* n'est plus de mise aujourd'hui. Je ne crois pas qu'il reste un seul paysan qui la raconte encore. Sous ce rapport, l'éducation archéologique du pays est faite.

[2] Cette pierre, en effet, de couleur blanchâtre sous la couche noire dont l'ont revêtue les siècles, appartient à l'oolithe de nos pays (terrains jurassiques) dont les couches supérieures étaient blanches. Les couches actuellement exploitées sont jaunes. Il paraît vraisemblable que ces pierres ont été empruntées aux carrières voisines d'Ancy, dont plusieurs portent encore le nom de *carrières des Romains;* on y a encore trouvé un certain nombre de pierres toutes taillées et d'instruments romains.

[3] Ce sont les arches d'Ars séparées de celles de Jouy par la Moselle. Le beau bassin qui recevait les eaux près de Jouy vient d'être déblayé, et on a admiré sa superbe conservation. Le bassin du côté d'Ars est encore enseveli sous les terres.

[4] Ces sources, qui sont celles de Gorze, ne sont pas très-voisines. Il y avait plus de 6,000 mètres à faire traverser aux eaux dans des conduits souterrains.

[5] *Milliaris* me fait l'effet de représenter ici le *Meilen* allemand qui a environ deux lieues. C'est un peu au-dessous de la réalité, puisqu'il y a dix kilomètres de Jouy à Metz.

dans le lit même du fleuve et dont il ne reste plus aujourd'hu aucune trace.

» Les habitants m'ont dit aussi que la partie supérieure des arches était toute plate et revêtue d'un ciment de couleur rouge [1], et qu'il y avait au milieu une petite construction qui était encore debout il n'y a pas bien longtemps et qui était ouverte de chaque côté, construction que je suppose avoir été une partie du toit qui abritait le conduit [2]. »

---

[1] La partie supérieure des arches est revêtue de dalles cimentées et formant une rigole. Cette disposition est parfaitement reconnaissable.

[2] Cette supposition est très-bien justifiée d'après l'opinion de M. Simon. (Voir pourtout ce qui est relatif aux arches de Jouy, les notices de M. Victor Simon, dans l'ancienne *Austrasie* et dans les *Mémoires de l'Académie* de Metz; le Ier vol. de l'*Histoire de Metz*, par les Bénédictins, et dans l'*Austrasie* la notice de M. Victor Jacob.)

NOTICE HISTORIQUE

SUR

THÉODORE LEY DE PUNGELSCHEID

BARON DE NEUHOF

ROI DE CORSE ET DE CAPRÉE

AVENTURIER MESSIN

Par M. Adolphe LANG [1].

I. Il y a cent vingt ans, il existait en Europe une royauté à la fois populaire et héréditaire, une royauté qui, fondée sur le suffrage de la nation, s'appuyait sur une représentation nationale et dont la constitution avait précédé d'un demi-siècle l'émancipation des peuples. C'était le royaume de Corse, sous Théodore Ier.

---

[1] L'auteur aurait voulu pouvoir livrer au public une histoire complète de son héros.

Ce travail, commencé depuis longtemps, mais interrompu par ses occupations, roule sur les aventures de Théodore avant et après comme pendant son règne.

Il a recueilli à ce sujet les renseignements les plus étendus dans les ouvrages italiens, sur l'île de Corse et la république de Gênes. Les notes qui accompagnent le mémoire en donnent un résumé succinct.

La notice qu'il a l'honneur d'adresser à la Société a principalement pour but d'insister sur la durée, la validité et en quelque sorte l'éclat de la royauté de Théodore, choses que les historiens modernes ont traitées trop légèrement et superficiellement. C'est à ce titre qu'il espère qu'on lui pardonnera ce que son travail a d'incomplet.

II. Le règne de ce prince, comme son caractère, son origine et sa fin, mérite une attention que depuis cent ans semble vouloir lui dénier la postérité.

III. Théodore Ier, roi de Corse et de Caprée, fils de Léopold de Pungelscheid, baron de Neuhof[1], est né à Metz en 1690. Sa vie a été un long mystère, et son règne un curieux roman, depuis le jour où on l'a vu apparaître en Corse, sans qu'on sût pour ainsi dire d'où il était venu, jusqu'au jour où il a disparu sans laisser presque aucune trace.

IV. Théodore Ier n'est pas un aventurier vulgaire; ceux même qui l'ont jugé le plus défavorablement, lui ont reconnu assez de qualités pour en faire un des héros du dix-huitième siècle, s'il s'était mu sur un plus grand théâtre, et si ses premiers succès n'avaient pas été noyés au milieu du bouleversement européen qui a suivi la mort du roi de Pologne, Frédéric-Auguste II.

V. On croit assez généralement que ce monarque inté-

---

[1] Il n'était pas fils d'Antoine de Neuhof, comme l'ont dit plusieurs biographes. Le baron Léopold était officier de la garnison de Metz et commandait un fort dépendant de la ville. (Moreri.) Voir pour la généalogie de Théodore Ier, le tableau I joint à ce mémoire.

Antoine de Neuhof était cousin de Théodore.

La baronie de Neuhof était dans le comté de La Mark en Westphalie. Le père de Théodore avait été capitaine des gardes de l'évêque de Munster. Il épousa la fille d'un négociant de Visé, au pays de Liége, et ce mariage obscur lui aliéna à jamais sa famille. Il vint alors chercher fortune en France, s'adressa à la duchesse d'Orléans et parvint à obtenir d'elle une protection efficace, car ce fut par l'intervention de cette princesse qu'il eut *un petit commandement dans le pays messin*. Tels sont les termes fort vagues que presque tous les biographes se sont successivement empruntés. Ce fut pendant qu'il remplissait ces fonctions qu'il devint père de Théodore, d'un autre fils nommé Henry Guillaume et d'une fille nommée Marguerite. Ces enfants reçurent à Metz leur première éducation et y restèrent jusqu'à l'époque de la mort de leur père, en 1695, époque à laquelle ils furent appelés dans la maison de la duchesse d'Orléans qui les fit élever et les attacha ensuite à sa personne.

ressant n'a joui que d'un règne de quelques jours; mais les actes officiels émanés de son gouvernement prouvent qu'il a régné pendant plusieurs années, présent ou absent, aimé, craint et respecté de ses peuples, et lorsque le sachant hors de ses états, le Sénat génois annonça dans un infâme manifeste [1] que cet aventurier avait été chassé honteusement du trône éphémère qu'il avait usurpé, une réponse officielle a été publiée, par laquelle les Corses déclaraient n'avoir d'autre souverain que S. M. le roi Théodore Ier; qu'ils lui avaient juré obéissance, et lui seraient fidèles jusqu'à sa mort; que lui mort, ils reconnaîtraient pour roi son héritier; qu'ils l'aimaient et le vénéraient en dépit des odieuses calomnies publiées par les Génois.

Ce manifeste éloquent était signé au nom du peuple par

---

[1] Voici quelques passages de cette pièce curieuse portant date de Gênes, du 9 mai 1736.

« Nous, Doge, Gouverneurs et Procurateurs de la République de Gênes, » avons appris qu'un certain personnage fameux, habillé à la turque, a » débarqué dans notre royaume de Corse, du côté d'Aleria, où il s'était rendu » avec quelques munitions de guerre, à bord d'un petit bâtiment....... que » cet homme, quoiqu'inconnu, avait néanmoins trouvé le moyen de s'insinuer » près des chefs des soulevés....... Il se dit fort éclairé dans la chimie, la » cabale et l'astrologie, par le moyen desquelles sciences il prétend avoir » trouvé les secrets les plus importants; mais ce n'est en effet qu'un vagabond, » et d'une fortune médiocre. En Corse, il se fait appeler Théodore....... » Déclarons le susdit auteur actuel des nouvelles séditions, séducteur des » peuples, perturbateur de la tranquillité publique, coupable....... etc., etc. »

Dans la réponse que le roi publia lui-même, on remarque le passage suivant :

« .... Je regarde les invectives contenues dans cet édit comme d'impuissantes clameurs, auxquelles je me contente, pour le présent, de répondre » qu'il me suffit que les Corses m'aient jugé digne de la couronne et du » sceptre de ce royaume et je me réserve à faire connaître la noblesse de mon » origine, lorsqu'avec l'assistance divine et par la valeur des Corses j'aurai » enlevé aux Gênois cette île, sur laquelle ils n'ont eux-mêmes aucun » droit....... »

le maréchal de Paoli [1] et par le maréchal de Giafferi, tous deux anciens primats de la république de Corse et commandants supérieurs des armées royales [2].

VI. Je ne veux pas retracer ici le journal historique du règne de ce personnage extraordinaire. Je renverrai pour cela aux *Gazettes d'Utrecht et d'Amsterdam*, et à la *Gazette de France* des années 1736, 1737 et suivantes, où l'on trouvera à ce sujet des détails curieux et inédits. Je dirai seulement quelques mots sur l'installation de la dynastie de Neuhof sur le trône de Corse [3].

---

[1] Hiacinthe, marquis de Paoli, maréchal-général des armées corses, est le père du célèbre Pascal Paoli. Ce dernier servit comme officier dans les armées royales, sous son père. Le maréchal de Paoli est mort à Naples en 1736.

[2] En date du 1er décembre 1736.

[3] Ce n'est qu'à partir de cette époque, que la vie de Théodore de Neuhof est digne d'appartenir à l'histoire. Jusque-là elle est féconde en aventures, mais pas en événements.

Né en 1690, vers 1700, page de la duchesse d'Orléans, il entra comme lieutenant au régiment de Lamark. Mais son caractère inquiet et ses goûts de grande dépense lui firent bientot quitter cette position modeste. Il prit du service dans les troupes suédoises et sut faire apprécier sur le baron de Gœrtz, ministre de Charles XII, son esprit insinuant et fécond en ressources. Il devint le confident et l'agent secret de cet homme d'état qui l'employa dans toutes sortes d'intrigues politiques où il se fit une grande réputation d'habileté. Après la mort tragique de son protecteur, il se mit au service d'Alberoni, ministre tout puissant de l'Espagne, puis à celui du duc de Riperda, successeur d'Alberoni. Il obtint de lui le grade de colonel et la main de lady Sarsfield, fille de lord d'Ormond Kilmarnek. De ce mariage naquit une fille qu'on prétend être l'aïeule de Garibaldi. Mais sa position de fortune étant au-dessous de ses besoins, il alla en France se livrer aux agiotages effrénés qui se faisaient sur le système de Law et la banque du Mississipi. Ces spéculations furent malheureuses, et, criblé de dettes, traqué de toutes parts par ses créanciers, il prit la fuite et traversa une partie de l'Europe en augmentant partout la somme de ses emprunts. Cependant enfin il parvint à obtenir le titre de représentant en Toscane, de l'empereur Charles VI, et reprit sur de nouvelles bases ses intrigues politiques.

L'île de Corse se défendait alors avec énergie contre les Génois dont le pouvoir lui était odieux. Théodore se mit en rapport avec les Corses et finit, en faisant valoir de prétendus services, par se créer dans l'île une certaine

VII. Au milieu du mois de mars 1736, au moment où les Génois croyaient toucher à la pacification de l'île de Corse, un vaisseau sans pavillon, parti dit-on de Tunis, vint jeter l'ancre dans la rade d'Aléria et déposa à terre « un étranger vêtu d'une robe écarlate à la turque, ayant à son côté une épée à l'Espagnole, une canne à la main, et sur la tête un chapeau à la française [1]. » Les Corses vinrent en foule au-devant de lui et le proclamèrent vice-roi de l'île de Corse (le 17 mars 1736) [2]. Il fut acclamé sous le nom de seigneur Théodore, nom mystérieux sous lequel il fut bientôt connu de toute l'Europe.

VIII. Un mois après (le 15 avril), la constitution républicaine était abrogée. Hiacinthe Paoli et Louis Giafferi, primats de la république, renonçaient au titre d'Altesse Royale, et le nouveau-venu était appelé au trône de Corse par le vœu de la nation, sous le nom de Théodore Ier [3].

IX. La constitution du 15 avril 1736, présentée au Roi à Alezani par l'assemblée générale de la nation, contenait dix-huit articles dont voici la teneur [4] :

» 1. Le seigneur Théodore, baron de Neuhof, est déclaré » SOUVERAIN et PREMIER ROI du royaume de Corse ; et, après

---

popularité. Il leur fit croire qu'il disposerait facilement de vastes ressources dont il ferait profiter leur patrie et qui assureraient leur liberté s'ils voulaient lui donner le premier rang dans leur gouvernement, quelle que fût du reste la forme qui serait préférée par eux.

Il se mit alors en mouvement auprès de plusieurs puissances pour se procurer ces ressources, et finit par obtenir du bey de Tunis quelques secours en armes et en argent ; ce fut alors qu'il vint tenter la fortune dans les lieux qu'il espérait devoir être le théâtre de son élévation.

[1] *Gazette d'Amsterdam*, mai 1736.

[2] Élu *vice-roi* dans le palais de l'évêque Mari, territoire de Carione, il fut acclamé au conseil de Campo-Loro, le 17 mars 1736. — La république avait été proclamée le 30 juin 1735.

[3] Il fut couronné d'une couronne de lauriers et porté sur les épaules du peuple.

[4] Le texte italien de ce document intéressant se trouve dans Giovacchino Cambiagi. (*Istoria del Regno di Corsica*, 1771.)

» lui, ses descendants mâles suivant le rang d'aînesse; au défaut
» des mâles, ses filles suivant le même rang; pourvu que ceux
» ou celles qui leur succéderont soient de la religion catholique
« romaine et résident toujours dans le royaume, comme lui-même
» y devra résider.

» 2. En cas que le seigneur Théodore n'ait point de descen-
» dant, il pourra nommer pour son successeur un parent qui soit
» catholique romain et réside dans le royaume.

» 3. Si les descendants du dit seigneur, ou de celui qu'il aura
» établi son successeur, viennent à finir, le royaume restera dans
» son droit de liberté, et les peuples pourront se choisir telle forme
» de gouvernement qu'ils jugeront à propos.

» 4. Le présent roi et ses successeurs jouiront de tous les droits
» de la royauté à l'exclusion néanmoins des points et articles ci-
» après réservés [1].

» 5. L'on nommera et établira une diète composée de vingt-
» quatre sujets des plus qualifiés, dont trois résideront toujours à
» la cour, et le roi ne pourra rien résoudre sans leur consentement,
» soit par rapport à la paix ou à la guerre, soit par rapport aux
» impôts et gabelles.

» 6. L'autorité de cette diète consistera à prendre, conjointement
» avec le roi, des mesures sur les affaires concernant la paix ou la
» guerre, et les impôts ou gabelles; à désigner les endroits d
» royaume les plus convenables pour les embarquements des mar-
» chandises du pays, et à pouvoir s'assembler en telle occasion et
» dans tel endroit qu'elle juge à propos.

» 7. Les dignités, charges et emplois quelconques ne seront
» confiés qu'aux nationaux, à l'exclusion perpétuelle de tout étran-
» ger, quel qu'il puisse être.

» 8. Immédiatement après l'établissement de la constitution du
» gouvernement, on chassera du royaume tous les Génois; et
» aussitôt après la pacification du dit royaume, il n'y restera de
» troupes que celles qui seront composées de soldats corses; à la
» réserve toutefois de la garde du Roi qui pourra se servir de
» Corses ou d'étrangers à son choix.

---

[1] L'Angleterre, on le voit, n'était pas en 1736 le seul état constitutionel de l'Europe; cependant peu d'historiens font mention de cette autre royauté étayée sur une chambre représentative.

» 9. Quant à présent et tant que durera la guerre contre les » Génois, le roi pourra faire venir et employer des troupes étran- » gères, pourvu qu'elles n'excèdent pas le nombre de 1200, à moins » que la diète, conjointement avec le roi, ne juge à propos de l'aug- » menter.

» 10. Aucun Génois ne pourra s'établir ni s'arrêter dans le » royaume. Il ne sera pas même libre au roi de le permettre.

» 11. Les effets et marchandises du pays que l'on fera sortir » hors du royaume ne paieront aucune gabelle ni droit de sortie.

» 12. Tous les biens des Génois et des rebelles, au royaume et » la patrie, compris ceux des Grecs, seront confisqués ; mais on » n'assujettira point à la confiscation les biens des nationaux, qui » en auraient payé quelques rentes ou droits aux Génois.

» 13. Le tribut annuel qui se tirera sur les Corses ne pourra » être au-dessus de TROIS LIVRES monnaie courante, pour chaque » chef de famille. On abolira les demi-tailles, en sorte que les » veuves ne seront assujetties ni à cet impôt ni à celui d'aucune » gabelle.

» 14. Le sel que le roi fournira aux peuples ne pourra être payé » plus haut que 13 1/2 sols, monnaie courante pour chaque me- » sure de *22 livres*, poids ordinaire du pays.

» 15. Les villes et cités du royaume seront maintenues dans » leurs anciens priviléges, au sujet de l'économat des vivres, par » rapport à la quantité, qualité, et la taxe des denrées.

» 16. On formera dans une ville du royaume une université » publique pour les études. Le roi, conjointement avec la Diète, » pourvoira à son entretien, et Sa Majesté sera obligée de la faire » jouir de tous les priviléges dont les autres universités publiques » sont en possession.

» 17. Le roi établira incessamment, pour l'honneur du royaume, » un ordre de noblesse composé des nationaux les plus qualifiés.

» 18. Tous les bois et toutes les terres labourables du royaume » continueront de demeurer aux nationaux, en sorte que le roi n'y » ait et n'y puisse prétendre d'autre droit que celui dont jouissait » la république. »

Était signé : THÉODORE, Roi

et plus bas les signatures des chefs de la nation.

X. La diète fut élue par la nation dans la même assemblée générale d'Alezani. Des dispositions furent prises pour doter l'université et pour y faire enseigner par d'habiles professeurs les humanités, la philosophie, la jurisprudence, les mathématiques et la théologie.

XI. Le roi, d'après les pouvoirs que lui conférait la constitution, établit un corps de noblesse et y plaça, à côté des familles les plus anciennes du pays, les personnages qui s'étaient le plus distingués dans les derniers temps par leur zèle pour la défense de l'indépendance nationale [1]. Les ministres et les maréchaux-généraux furent créés marquis. Les gouverneurs et les lieutenants-généraux furent créés comtes ; les membres de la diète et les colonels furent créés chevaliers. Différents priviléges et d'abord l'hérédité furent attachés à l'ordre de la noblesse.

XII. L'ordre royal de la délivrance [2], créé à Sartène par un décret du 16 septembre 1736, fut la conséquence nécessaire de l'organisation de l'État ; car s'il existe un corps de noblesse héréditaire, à bien plus forte raison sent-on la nécessité de l'institution d'une autre noblesse qui soit l'apanage exclusif de celui qu'on récompense et ne se transmette point à ses descendants.

XIII. Je n'entrerai pas dans le détail de l'organisation militaire. Une garde royale, vingt-quatre compagnies d'élite, et 20,000 hommes de troupes régulières formaient la base de l'armée royale. A la tête de l'armée se trouvait le roi, et sous lui les maréchaux-généraux, au nombre de trois [3].

---

[1] L'organisation de la noblesse de l'empire français rappelle à plus d'un titre les institutions de Théodore Ier. Napoléon a créé *ducs* les fonctionnaires du 1er rang civil et militaire (maréchaux) ; *comtes* ceux du 2e rang (généraux de division), et *barons* ceux du 3e rang (généraux de brigade). Et la noblesse nouvelle s'est confondue autour de son trône avec nos vieilles familles patriciennes. (Talleyrand, Rochambeau, Ségur, etc.)

[2] Ordine della Liberazione. Le roi en était grand-maître.

[3] Paoli, Giafferi, Ornano. (Voir l'organisation au tableau synoptique II ci-joint.)

Plus tard le roi créa la charge de généralissime des armées corses [1] pour suppléer aux absences prolongées qu'occasionnaient ses rapports avec le nord de l'Europe.

XIV. Outre les vingt-quatre membres de la diète dont le roi confirmait l'élection, le prince était assisté dans le gouvernement des affaires civiles par le chancelier du royaume et par l'auditeur général [2].

XV. Il n'est pas hors de propos de parler des monnaies frappées à l'effigie du nouveau roi. Les monnaies d'argent étaient fort petites et en petit nombre ; elles portaient d'un côté les armes du royaume de Corse, et de l'autre l'image de la sainte Vierge, avec cette légende : *Monstra te esse matrem.* Les monnaies de cuivre portaient d'un côté une couronne soutenue de trois palmes, avec ces lettres au-dessous : T. R. [3]. Au revers était marqué le prix de ces pièces dont les unes valaient huit sols, et les autres deux sols et demi. L'exerque portait la légende : *Pro bono publico et libertate* [4].

» XVI. Théodore Ier avait monté sa cour sur un pied » fort convenable, et pour entourer sa personne d'un éclat » vraiment royal, il tenait tous les jours trois tables bien » servies en belle vaisselle d'argent.

» Il était respecté et craint, confisquant les biens de ceux » qui ne voulaient pas le reconnaître. On prétend qu'il » retirait plus de 700 livres des terres confisquées [5]. »

XVII. Théodore Ier exigeait partout des contributions de guerre d'après le règlement qui en était fait par la diète. Les chefs des Corses se montraient parfaitement soumis à

---

1 Comte Séb. de Costa.

2 Pievano Aitelli.

3 THEODORUS REX.

4 Ces détails sont tirés de l'histoire des révolutions de Gênes, 1753. D'après la *Gazette d'Amsterdam*, du 20 juillet 1736, la légende était : *Pro Bono Publico Corsico.*

5 *Gazette d'Amsterdam*, du 17 juillet 1736.

ce monarque. Il n'a pas encore été possible de déterminer s'ils le regardaient comme un protecteur réel, ou bien seulement comme un roi de théâtre. La première hypothèse me semble la plus probable, et serait fondée sur les secours que Théodore recevait et devait recevoir de l'étranger [1].

Il est certain que ces secours, bien que faibles, étaient assez fréquents pour aider puissamment la cause nationale.

XVIII. Il y avait à Livourne à cette époque des agents de S. M. le roi de Corse, qui recevaient souvent des vivres, des munitions et de l'argent. Tout cela était envoyé en Corse et les manœuvres se faisaient avec un mystère profond. Le principal agent de Théodore Ier dans les pays étrangers, était le chanoine Orticoni, chapelain de S. M. le roi de Naples, et plénipotentiaire de S. M. le roi de Corse [2].

XIX. L'industrie ne fut pas négligée. Les salines prirent un grand développement. Des mines métalliques furent mises en exploitation, des usines s'ouvrirent dans le Nebbio. Les produits de l'île de Corse servirent bientôt à payer par des échanges les productions qu'on recevait de l'étranger. Le roi publia des édits pour engager les étrangers à se fixer dans ses États, qui n'étaient pas peuplés en proportion de leur superficie [3]. Il accordait à tout colon étranger autant de terre qu'il en pouvait cultiver, une entière liberté de conscience, et tous les avantages possibles pour les manufactures et le commerce. Chacun avait le droit de pêcher, chasser, cultiver et faire du sel.

---

[1] Ces secours mystérieux étaient sans doute dûs aux intrigues de l'Angleterre qu'on retrouve au fond de toutes les complications les plus ténébreuses de la politique.

[2] Orticoni montrait les patentes qui lui conféraient ces titres. Il était secrétaire d'État au département des affaires étrangères. (Voyez le tableau II, ci-joint.)

[3] Le dénombrement de juin 1740 donne 126,389 habitants pour 640 lieues carrées.

XX. Je n'entrerai pas dans le détail des opérations militaires. Le roi commandait lui-même ses armées et se montrait par une heureuse combinaison de valeur et de prudence à la hauteur de la position de général en chef. Secondé par des hommes énergiques et dévoués, il lutta avec avantage pendant deux ans contre les commissaires de la république Génoise [1]; et ce qui serait difficile à croire, si l'histoire n'en faisait foi, il sut réduire à l'impuissance pendant toute l'année 1738 une armée auxiliaire française que commandait le général de Boissieux [2].

XXI. Le général de Maillebois, qui prit le commandement à la mort du comte de Boissieux, se trouvant à la tête de forces décuples, parvint le premier à faire pâlir l'étoile de l'aventurier messin. Ce résultat fut amené par l'esprit de modération et de conciliation du général français, plus encore que par la force de ses armes. Les troupes royales, après trois ans de lutte, reculèrent pied à pied dans les montagnes.

XXII. Le roi de Corse, mal soutenu par les nations qui faisaient secrètement des vœux pour lui, allait lui-même à l'étranger presser l'envoi des secours promis. En Italie, en Barbarie, en Allemagne, en Hollande, en Angleterre, en Portugal, on a saisi des indices de son passage. Deux fois il fut arrêté et mis en prison par ses créanciers; mais il ne cessait d'encourager par des lettres et par des secours la vaillante nation qui lui avait juré obéissance.

XXIII. Le baron de Drost [3] généralissime des armées

---

1 Les commissaires généraux de la république génoise en Corse furent, en 1736, M. Ottavio Grimaldi; de 1736 à 1738 M. de Rivalora (Paul-Baptiste), qui fut remplacé en 1738 par le marquis de Mari.

2 Le général de Boissieux resta près d'un an bloqué dans Bastia par les troupes royales et mourut en cette ville le 1er février 1739, peu de temps après avoir été nommé lieutenant-général des armées du roi.

3 Parent du roi. (Voyez le tableau I.)

royales, maintenait le drapeau de l'indépendance au nom du roi Théodore Ier, sans s'inquiéter des progrès de M. de Maillebois ni des perfides insinuations du sénat génois [1]. Mais tels furent les progrès de l'armée française, telles furent les défections qui affaiblirent le parti du roi qu'il fallut céder et se rendre à une implacable nécessité.

XXIV. Enfin Théodore Ier étant venu délier de leurs serments les derniers défenseurs de son trône, ceux-ci se séparèrent quoique à regret. Le général de Drost, le maréchal de Paoli, le général Aitelli et leurs vaillants compagnons consentirent à traiter avec M. de Maillebois. Une capitulation glorieuse pour les Corses permit à tous les royalistes de se transporter avec leurs armes et leurs richesses sur le territoire napolitain. Le roi Charles VII reçut dans ses armées tous les généraux et officiers corses [2].

---

1 Voici un extrait d'une réponse des administrateurs royaux aux injures des génois contre Théodore :

« Nous soussignés, don Louis, marquis de Giafferi, don Hiacinthe, marquis » de Paoli, etc., etc., premiers ministres et généraux de S. M. le roi Théodore, » notre souverain, etc........; Nous notifions à tous ceux qu'il appartient, et » même à tout l'univers, que nous conservons toujours une inviolable fidélité » pour la royale personne de Théodore Ier; que nous avons résolu de vivre et » mourir sous ses ordres, et de ne jamais reconnaître d'autres souverains que » lui et ses légitimes descendants. — Nous jurons de nouveau sur le saint » Évangile de maintenir en tout le dit serment de fidélité, fait au nom du » peuple ici rassemblé.

» Et afin que le présent ait toute la force et authencité requise, nous l'avons » fait enregistrer dans la chancellerie du royaume, et l'avons signé de notre » propre main et muni du sceau du royaume. »

Donné à Corte, le 27 décembre 1737.

Signé : D. Louis, mq de Giafferi. — Jazinto, mq. de Paoli. — Lucas, mq. d'Ornano. — Paul Maria de Paoli.

L. Sign. Le chevalier Théod. Morati. — Le marquis de Matra. vice-grand-chancelier.

2 Le célèbre Pascal Paoli, qui passa alors dans l'armée napolitaine, ne tarda pas à revenir en Corse relever le drapeau de l'indépendance.

Le général de Drost et le jeune colonel Frédéric de Neuhof, neveu du roi, partirent pour l'Angleterre. Depuis lors leur existence n'a plus rien présenté qui fût digne de l'histoire [1].

XXV. Après avoir été successivement gentilhomme allemand, page lorrain, [2] officier français, diplomate suédois [3], colonel espagnol [4] voyageur dans tous les pays du monde [5], roi de Corse et de Caprée, et enfin habitant paisible du refuge de toutes les infortunes royales et républicaines, Théodore Ley de Pungelscheid, baron de Neuhof, s'éteignit à Londres le 20 septembre 1755 [6], dans une tranquille obscurité [7] et

---

[1] Frédéric de Neuhof tomba en Angleterre dans une telle détresse qu'il dut se faire maître de langues pour subsister. Il écrivit alors une histoire de Corse très-intéressante dans laquelle les derniers événements étaient présentés sous le jour le plus brillant. Après la mort de Théodore il se rendit en Wurtemberg, dont le grand-duc le nomma colonel et le fit son ministre à Londres. Mais quelques intrigues faites en 1791, en faveurs des royaux exilés de France, lui firent perdre son emploi. Retombé dans l'indigence et livré au désespoir, il se tua d'un coup de pistolet sous le portique de l'abbaye de Westminster, le 1er février 1797.

[2] Attaché à la duchesse d'Orléans.

[3] Attaché au fameux baron de Gortz, impliqué dans la conspiration de Cellamare, et enveloppé dans le désastre qui suivit la mort de Charles XII et la disgrâce d'Alberoni.

[4] Il avait reçu cette mission pour lever un régiment dont il était colonel.

[5] Surtout en Afrique. Il paraît avoir séjourné quelque temps à la cour de Tunis. Il s'attacha aussi quelque temps au financier Law.

[6] Non le 11 décembre 1756, comme le dit l'*Encyclopédie des gens du monde*.

[7] Théodore, après une longue détention causée par ses dettes immenses, se retrouva jouir de la liberté, mais il était tombé dans un dénûment absolu. Le ministre Walpole fit ouvrir une souscription en sa faveur qui lui assura du pain pour ses derniers jours. Il fut enterré sans honneurs dans le cimetière Ste-Anne de Westminster, et sa tombe fut recouverte d'une épitaphe qui se terminait par ces mots: « La fortune lui a donné un royaume et lui a refusé du pain. »

la postérité a si peu conservé le souvenir de cette singulière existence qu'on se demande aujourd'hui si son règne n'est pas un roman inventé à plaisir [1].

[1] Les auteurs les plus importants que j'ai consultés pour cette notice historique, sont Moréri (Dict. biographique, dernières éditions, supplément); Cambiagi (Histoire de Corse); l'abbé de Germanes (Histoire de Corse); l'Histoire des révolutions de Gênes, et surtout les journaux du temps, où se trouvent tous les documents que j'ai cités.

TABLEAU I.

GÉNÉALOGIE DE LA MAISON DE NEUHOF.

1. Guillaume-Bertrand de NEUHOF,
Nommé Ley de Pungelscheid,
Gouverneur-Lieutenant du duché de Clèves.
E.-Henriette de Nehem.

2. Alexandre-Bertrand, baron de NEUHOF, ✝ 1601.
E.......

3. Théodore-Etienne, baron de NEUHOF et de Gelinden, ✝ 1640.
E. N... de Nehem.

4. Fréd.-Guillaume baron de NEUHOF, officier de cavalerie, tué à la bataille de Landen.

5. Théodore Ier, roi de Corse et de Caprée, ✝ 1746.
E. Sophie d'Ormond de Kilmaneck [1].

Mlle de Neuhof aurait, d'après certains auteurs, épousé le docteur Jean Garibaldi, père du fameux général Garibaldi.

4. Léopold, baron de NIENROD, officier de la garnison de Metz, ✝ 1695.
E.......

5. Henri-Guillaume, baron de NIENRODT.
E. Anne Heyel.

6. Frédéric de Neuhof [2], baron de NIENRODT, général corse. ✝ 1797.

4. François-Bernard-Janus, baron de PUNGELSCHEID, bailli d'Altona, conseiller de Brandebourg, ✝ 1708.

5. Marguerite.
E. le comte de TRÉVOUX.

4. Alexandre, capitaine d'infanterie, tué à la bataille de Kaiserswerth.

4. Vernhard-Jobst-Lothaire, seigneur de RUCHEMBOURG, ✝ 1700.
E.-Marie N...

4. Janus-Henri de NEUHOF, capitaine du château de Siégen.

5. Antoine de NEUHOF, gentilhomme de La Marck, officier au service suédois.

2. Anne-Henrique
E.-Frédéric, baron de NUCINGEN.

3. Bernard, baron de NUCINGEN.
E. N... de Kronberg.

4. Henri, baron de NUCINGEN.

4. Bernard, baron de DROST.

5. Hermant de Nucingen, baron de DROST, généralissime des armées royales.

[1] Cette dame appartenait à la noble famille des Lucan dont un des membres, général de cavalerie anglaise en Crimée, a montré un si grand héroïsme.

[2] Ce colonel Frédéric a jusqu'ici passé pour le fils de Théodore. L'auteur de cette notice a acquis la certitude qu'il était le fils de son frère.

TABLEAU II.

État administratif et militaire du Royaume de Corse.

S. M. THÉODORE Ier, Roi constitutionnel.

Maison du Roi :

Jose de COSTA (docteur), directeur de la maison du Roi.
Le colonel BONGIORNO, adjudant du Roi.
Le capitaine J.-B. SIMBALDI, commandant des Gardes du corps.
Francisco DELL AGATHA, sécrétaire du Roi, décapité à Bastia, en 1737.
VINUSS, secrétaire des commandements.
ORTICONI, chanoine, premier aumônier, chapelain du Roi.
Le père Mansueto, deuxième aumônier.

Grand-Chancelier du royaume. Sébastien, comte de Costa, † 1738, remplacé par le docteur Balizoni.

Vice-Grand-Chancelier. Le marquis de Matra, gouverneur de Rogna-Serra.

Garde-des-Sceaux et Ministre d'Etat. Sébastien, comte de Costa, grand-chancelier.

Auditeur-général du royaume, *Ministre de la justice*. Pievano Aïtelli.

Ministre des relations extérieures. } Le chanoine Orticoni.
Directeur de la police. }

Ministre de l'intérieur. Michel Fozzani de Durazzo.

Généralissime et directeur des affaires de guerre (1738). Le baron de Drost.

Gouvernements des provinces.

1. Province au-delà des monts. *Gouverneur général*, le maréchal de Paoli.
   Lieutenant-gouverneur, le général Panzoni.
2. Province en deçà des monts. *Gouverneur général*, le maréchal de Giafferi.
   Lieutenant-gouverneur, le général de Durazzo.
3. Province della Roma il Gente. *Gouverneur général*, le maréchal d'Ornano.
   Lieutenant-gouverneur. Le général d'Aullé.

Maréchaux-généraux des armées royales.

1. Hiacynthe, marquis de PAOLI.
2. Louis, marquis de GIAFFERI (ou Sciafferi).
3. Lucas, marquis d'ORNANO.

Lieutenants-généraux des armées royales.

1. Simon FABIANI.
2. Jean-Félix, comte PANZONI.
3. Le comte de DURAZZO.
4. Antoine, chevalier Suzini d'AULLÉ.
5. Hermann, baron de DROST.

Généraux des armées royales.

(Titre correspondant à celui de maréchal-de-camp).

Au nombre de 18.
Les colonels au nombre de 30 environ.

TABLEAU III.

Armée française en Corse.

(1738).

Le comte de Boissieux, maréchal-de-camp, commandant en chef,
(créé lieutenant-général des armées du Roi).

1. Régiment d'Auvergne.
2. — de la Sarre.
3. — de Bassigny.
4. — d'Ouroy.
5. — de Nivernais.

Armée française en Corse.

(1739).

Le lieutenant-général Desmarets, marquis de Maillebois, commandant en chef.
Le général de Villemur, chef d'état-major.
Le commissaire des guerres, de Peloux, intendant.

Ire brigade. Général du Chastel-Crouzat.

Régiment de Forez [1], de Choiseul-Meuse, colonel.
— de Provence [1], de Lussan d'Aubeterre.
— Royal-Roussillon [1], d'Haussonville.
— de Senneterre [1], de Senneterre.
— de Bretagne [2], de Crillon.
— de Nivernais.

IIe brigade. Général de Contades.

Régiment d'Auvergne [1], commandant de Fonbrune.
— d'Ouroy [1].
— de la Sarre [1], de la Romagère, lieutenant-colonel.
— de Faudoas [2], de Faudoas.
— de Bresse [2], de Montmorency.
— de Bassigny.

---

[1] Deux bataillons.
[2] Un bataillon.

*III*e *brigade*. Général DE ROUSSET.

Régiment d'Aunis [1], DE BRANCAS.
— de l'Ile-de-France [1], DE CRUSSOL.
— Dauphin [1], DESMARETS DE MAILLEBOIS.
— d'Enghien [1], DE L'AIGLE.
— de Conti [1], DE CAUSANS.

*IV*e *brigade*. Général DE RATZKI.

Régiment d'Anjou [1], DE CONFLANS D'ARMENTIÈRES.
— de Nice [1], DE DAMAS D'ANLEZI.
— de Souvré [1], DE SOUVRÉ.
— d'Esterhazy (hussards).
— de Ratzki (hussards).

Artillerie et miquelets sous le brigadier DE LARNAGE.

Le régiment d'Auvergne a beaucoup souffert dans cette campagne et a perdu beaucoup d'officiers; M. de Vaux (Noël-Jourda, comte de Vaux) y était capitaine et eut un bras cassé au terrible combat de Ghisani (4 août 1739), où une partie du régiment d'Auvergne faillit être massacré. C'est ce même comte de Vaux qui, plus tard maréchal de France, a conquis la Corse en 1769.

Le marquis de Maillebois a dû le bâton de maréchal (11 février 1741) à la pacification de l'île, et sans la mort de l'empereur Charles VI, la Corse serait devenue française dès cette année-là.

---

[1] Deux bataillons.

LES

MAITRES BOMBARDIERS

CANONNIERS ET COULEUVRINIERS

DE LA CITÉ DE METZ

Par M. Lorédan LARCHEY.

AVANT-PROPOS.

Metz est la plus importante des places que possède le service de notre artillerie. En ne craignant pas d'évoquer à ce même point de vue les souvenirs d'un passé nécessairement moins parfait, nous avons eu deux buts.

Le premier est de prouver qu'un rôle aussi spécial n'est point nouveau pour notre cité ; elle fut en son temps vraiment remarquable par la manière dont elle en comprit l'importance.

Le second est d'offrir un aperçu des ressources qu'offre encore l'étude de certains points de notre histoire dignes d'être approfondis.

On ne saurait en effet soupçonner toute la vitalité qui se cache sous une monographie si sèche, mais si étroitement liée à ces prodiges de civisme, de tenacité et de prévoyance, qui ont fait la grandeur des anciennes communes. — Notre étude trouve les Messins toujours en éveil pour ne point laisser déchoir une force qui est la seule sauvegarde de leurs libertés, n'hésitant devant aucun des sacrifices que leur conseille la possibilité du plus mince progrès ; abnégation et curiosité d'autant plus rares qu'elles éclatent, il ne faut pas l'oublier, chez un petit peuple de marchands, défiant et positif de sa nature.

Bien que la série de nos documents messins souffre de regrettables lacunes, nous avons voulu édifier le lecteur sur ce point avec leur seul concours. uisés ailleurs, nos ren seignements n'auraient éclairci notre thèse qu'aux dépens de son originalité.

Les annales qui ont servi à cette étude sont : La *Chronique dite de Praillon,* celle du *Doyen de Saint-Thiébaud;* le *Journal d'Aubrion,* les *Mémoires de Philippe de Vigneulles,* les *Preuves de l'histoire de Metz* donnée par les bénédictins, et les *Chroniques messines* éditées par M. Huguenin, que nous avons cité le moins possible à cause de l'incertitude regrettable où il nous laisse généralement sur la provenance de ses précieuses compilations.

Les archives communales de Metz nous ont en outre fourni des documents de trois genres : 1° des lettres d'engagement et quittances pour service militaire, des quatorzième et quinzième siècles ; 2° des registres de comptes du changeur de la cité dont la série a été conservée à peu près, depuis 1407; et enfin trois comptes spéciaux des Sept de la guerre, si importants qu'ils nous font doublement regretter de n'avoir pu en trouver d'autres. — Voici les principales divisions de notre travail :

I. *Dissertation sur les origines de l'artillerie messine.*

II. *Histoire de ses développements* : — 1. Services rendus en rase campagne. — 2. Services rendus dans l'attaque et la défense des places. — 3. Services rendus par les armes portatives. — 4. Rôle de l'artillerie dans les solennités.

III. *Personnel.* — 1. Maîtres d'artillerie. — 2. Maîtres bombardiers. — 3. Bombardiers de métiers. — 4. Maîtres ouvriers. — 5. Couleuvriniers.

IV. *Matériel.* — 1. Bouches à feu. — 2. Affûts et voitures. — 3. Projectiles. — 4. Poudre et artifices. — 5. Agrès et armements. — 6. Armes portatives. — 7. Arsenaux. — 8. Approvisionnements.

V. *Pièces justificatives.*

LES

MAITRES BOMBARDIERS

CANONNIERS ET COULEUVRINIERS

DE LA CITÉ DE METZ

AU MOYEN AGE.

I

DISSERTATION SUR LES ORIGINES DE L'ARTILLERIE MESSINE.

Malgré les immenses progrès de la critique, on ne sait tróp en quelle contrée de l'Europe on a, pour la première fois, fait usage des machines de guerre désignées sous le nom générique de bouches à feu. En 1628, Diego Ufano avoue qu'il a peu approfondi ce sujet, mais que le témoignage d'auteurs dignes de foi lui permet d'attribuer à des Allemands, soldés par Venise en 1366, les deux premières pièces chargées à poudre et à balles qu'ait vues l'Italie. Diego Ufano allait chercher bien loin des renseignements qui se trouvaient pour ainsi dire à ses pieds, car il était capitaine de la citadelle d'Anvers qui, comme Bruges et Tournai, avait dû fournir bien auparavant des munitions à Lille. Nous ne notons le fait que pour prouver combien la tradition s'était rapidement perdue. En 1681, l'ingénieur Malthus, commissaire général de l'artillerie de France, mais qui, malgré cette qualité, n'avait point, paraît-il, été nourri de la lecture de Diego Ufano, écrivait encore dans sa *Pratique de la guerre :* « Quant à notre Europe, il semble qu'elle a reçu la connaissance du canon seulement en l'an 1379, entre Venise et Chioggia. »

A la fin du siècle dernier, l'érudition reprenait l'offensive. Ducange prouvait irrécusablement que vingt-huit ans avant la date citée par Ufano, on employait déjà le canon pour battre les places fortes.

Tout récemment, M. Lacabane remontait encore plus haut et publiait dans la *Bibliothèque de l'Ecole des Chartes* la plus ancienne charte française qu'on ait trouvée jusqu'ici sur cette matière ; elle constate dès juillet 1338 la présence de bouches à feu dans l'arsenal maritime de Rouen. Quelques années auparavant, M. de Mas-Latrie avait transcrit à Florence le texte d'une *provvisione* de la république, datée du 11 février 1325 (1326, année commune). Par cet acte, on reconnaissait aux magistrats le droit de nommer deux officiers préposés à la confection des projectiles de fer et de canons de métal, *pilas ferreas et canones de metallo.*

Jusqu'à plus ample découverte, nous venons, à notre tour, revendiquer pour la ville de Metz les honneurs de la priorité dans l'emploi des bouches à feu. Cette priorité ressortira de l'examen de quatre passages d'une chronique messine manuscrite qui se trouve dans la bibliothèque d'Epinal. Reproduits dans la compilation de M. Huguenin, mais inexactement, sans indication de sources et sans révélation aucune de leur importance ; signalés trop laconiquement par M. le général Piobert, ils ont été oubliés ou dédaignés par tous les autres ouvrages spéciaux. Ils reculent cependant de quatorze années la date connue du premier emploi de l'artillerie dans l'attaque et la défense des places, et de vingt-deux ans la date du premier emploi de l'artillerie en rase campagne, date confondue jusqu'ici avec celle de la bataille de Crécy (1346).

Avant d'aborder la discussion de notre texte, il convient de l'éclaircir et de le résumer en quelques mots. En 1324,

Metz se trouvait engagée dans une de ces guerres que lui valaient souvent ses richesses et son isolement. Avantageusement placée sur la marche des pays de langue romane et de langue germanique, jouissant d'une liberté complète sous la suzeraineté illusoire des empereurs, économiquement administrée par une oligarchie bourgeoise qui donnait à ses sujets l'exemple d'une grande activité commerciale, cette cité marchande se trouvait trop bien de son indépendance pour ne pas veiller soigneusement aux moyens de la soutenir. Sa longue et forte enceinte, ses milices, sa garde de *soldoyeurs*, troupe permanente renforcée à la moindre alerte par des bandes de soudards étrangers, suffirent pendant tout le moyen âge ur la sauvegarder contre les ennemis puissants que se réservaient ordinairement de désarmer son trésor et sa diplomatie.

En 1324, Metz subissait donc un de ces moments de crise; elle se voyait investie par les troupes réunies de l'archevêque de Trèves, du roi de Bohême, du duc de Lorraine et du comte de Bar. Sans s'émouvoir d'un assaut, une partie de la garnison en profite pour exécuter une sortie audacieuse et prendre l'ennemi en flanc. Le sire de Bitche, qui dirige ce mouvement, traîne à sa suite, dit le texte, une serpentine et un canon dont le tir porte le désordre et la mort dans les troupes du roi de Bohême; celui-ci en conçoit une frayeur telle qu'il fait « corner la retraite. » Ce fait d'armes a lieu le *vendredi après la fête de saint Lambert*, en l'année 1324, c'est-à-dire tout à la fin de septembre.

Quelques jours après, un simple gentilhomme, nommé Guillaume de Very, qui tient également le parti des Messins, sort de la ville pour inquiéter un campement ennemi installé sur les rives de la Moselle. Arrivé heureusement à son but en remontant le courant dans un bateau armé en guerre, le feu d'une serpentine lui permet de faire subir aux assiégeants quelques pertes et de regagner les remparts sans perdre un seul homme. — La rivière, en général assez large, ne l'était point cependant assez pour qu'il fût impossible de riposter, si les archers ennemis n'avaient été, comme le roi de Bohême, surpris par un mode inconnu d'attaque.

Emus par les périls que cette coalition leur avait fait courir, vivement frappés par les services que leur avaient rendus ces nouveaux engins, les Messins chargent une commission spéciale de veiller à ce que leur ville soit toujours sur un bon pied de défense. Cette commission, dont le manuscrit précité énumère longuement les devoirs, se compose de sept membres appelés *les Sept de la guerre*. Ils doivent, dit l'article VII de leur constitution, déterminer sur tous les points de l'enceinte fortifiée l'emplacement des couleuvrines, serpentines, arbalètes et autres armes de jet. Afin qu'aucun doute ne reste sur la signification précise de ces termes de couleuvrine et de serpentine, le chroniqueur nous représente ensuite les *Sept* assignant à chaque corps de métier la tour dont il est constitué le gardien, et faisant garnir cette tour d'artillerie, de *traicts et de pouldre.*

Ces documents nous autorisent à croire que, dès 1324, la république messine et le sire de Bitche son allié possédaient quelques pièces d'un calibre fort léger, et que les Messins songeaient d'autant plus sérieusement à en augmenter le nombre qu'ils avaient à se féliciter de leur effet à la guerre.

Plus une découverte historique a d'importance, plus il est essentiel d'en constater l'authenticité. On peut à première vue combattre celle-ci par une grande objection. Les expressions mêmes de notre texte prouvent qu'il n'est pas contemporain des événements.

L'objection est grande, nous l'avons dit. Néanmoins nous croyons la réduire en invitant ceux qui seraient tentés de la partager à se rendre avec nous compte : 1° de l'antiquité de notre document ; 2° du nombre et de la précision singulière de ses détails ; 3° des mots mêmes relatifs à l'arme dont ils signalent l'emploi ; 4° des présomptions favorables qu'inspirent les dernières découvertes de l'érudition.

1° *L'antiquité du document.* — Si le manuscrit de la bibliothèque d'Epinal ne remonte pas à 1324, son exécution paléographique date en partie, selon nous, de la fin du quinzième siècle. C'est un in-folio papier, non paginé, mais assez volumineux pour contenir environ sept cents feuillets couverts d'une écriture cursive assez lâche; des variations de main sensibles et des encres de diverses teintes prouvent que son ou ses rédacteurs ont consacré à son achèvement un assez grand nombre d'années.

2° *La multiplicité et la précision des détails.* — Il suffit de jeter un coup-d'œil sur le récit de cette guerre de 1324 pour être convaincu que l'auteur inconnu de la Chronique messine a dû travailler, ou sur des pièces justificatives, ou sur un document antérieur au sien. Ce n'est point une amplification narrative, c'est un véritable journal contenant des dates minutieuses, une grande quantité de noms propres et de noms de lieux, plusieurs ordonnances et traités compliqués de clauses nombreuses, dont la transcription n'était pas une simple affaire de mémoire. Tout concourt à lui donner un caractère sérieux. On y tient note d'une sortie de dix hommes, des prisonniers faits, du bétail pris, de l'argent donné, des moindres dégâts commis dans le plus petit village, comme des engagements où nous voyons l'artillerie messine jouer un rôle si avantageux.

Faisons justice des mots de *coulevrine* et de *serpentine*, ignorés au quatorzième siècle, mais usités au siècle suivant pour désigner des bouches et des armes à feu. C'est un rajeunissement commun à plus d'un chroniqueur, sans excepter Froissard qui parle souvent de bombardes, de 1339 à 1360, date à laquelle on commença seulement à en fabriquer. Il n'en demeure pas moins constant que notre texte a voulu désigner par là de vraies bouches à feu. Les mots de *canon* et de *poudre* dont il se sert en même temps ne laissent aucun doute sur ce sujet.

4° *Les dernières découvertes de l'érudition.* — La charte

dont M. Lacabane a donné la première transcription, cette charte du 2 juillet 1338, n'autorise point à considérer l'usage de la poudre et des bouches à feu comme très-récent. L'extrait de Ducange, postérieur de quelques mois, cite comme une chose ordinaire les canons employés au siége de Puy-Guilhem. Au mois de septembre 1339, une quittance précieuse, dont la découverte est encore due à M. Lacabane, nous prouve que le gouverneur de Cambrai avait reçu d'un seul coup, pour les besoins imprévus de sa défense, cinq canons de fer et cinq canons de métal. Dès 1326 enfin, la république de Florence est, comme le prouve la *provvisione* mentionnée ci-dessus, assez familiarisée avec son artillerie pour en régulariser le service. C'est pour elle un progrès, mais non un point de départ.

Si donc en 1326, 1338 et 1339, il y avait plusieurs bouches à feu à Florence, à Rouen et à Cambrai ; si surtout dans cette dernière ville on pouvait le même jour faire entrer dix canons de fabrication différente, ce qui indique évidemment une science connue, étudiée déjà, pourquoi, en 1324, la cité de Metz, dont les marchands connaissaient la route de l'Italie et pouvaient par conséquent constater certains progrès, pourquoi Metz, disons-nous, n'aurait-elle pu faire usage de deux ou trois bouches à feu ? — C'est, en effet, d'une arme encore peu connue qu'il s'agit dans notre texte, car il n'en paraît point plus d'une ou deux à la fois et elles impressionnent si bien tout le monde, à commencer par ceux dont elles servent la cause, que nous voyons l'oligarchie messine charger une commission spéciale de visiter ses remparts et d'aviser *où il faulrait* des pièces d'artillerie, pour l'achat desquelles elle lui ouvre un crédit illimité.

Nous ne saurions mieux terminer ce chapitre qu'en reproduisant nos passages justificatifs. Nous regrettons que le cadre de ce travail ne s'accorde pas assez avec les besoins de notre cause pour donner place au texte entier de cette guerre de 1324; à quelques variantes près, nos lecteurs le retrouveront du reste dans les chroniques messines éditées par M. Hugenin.

Chronique dite de Praillon (Manuscrits de la bibliothèque d'Épinal).

.....L'armée de l'archevesque de Trieuve joincte avec lez armées du Roy de Bohême et du Conte de Bar, le vanredi aprez la Sainct Lambert, aprochant plus près de Metz, droict vers le bourg Sainct Jullien espérant la gaignier, piller et bruller. Et deffait y donnèrent assault plusieurs fois où ilz furent repoulsez. Et durant celluy assault, le sire de Bitche avec son armée fist ouvrir la porte du Pont Rengmont; avec *serpantine et canon* qu'il avait vindrent où l'assault se donnait et tiront plusieurs copt d'artillerie et en tuont beaucoupt. De quoy le roy de Bohême véant ainsi cez gents tuez et murdris, en fut sy fort marris qu'il fit corner la retraicte...

....Le temps durant que lez quaitres seigneurs devant di avec leurs gens se tenaient à Mollin où ils furent viij jours, ung nomez Willame de Verey, gentils homme, avait fait faire une neif de guerre assortie de *collevrine*, d'arbollestre, de trait, d'espées, escutz et aultres choses nécessaires à la guere comme autrefois il avoit veu où il fist entrier du dedans gens de guerre; et la tiront amont l'yawe droit où le camp des ennemis estait, et là lez assaillirent vigoureusement sans rien espargner. Du dedans, y avait une serpantine qu'il fist par plusieurs fois tirer; et en tuont et blessont plusieurs, puis se retirèrent en la cité par la rivière sans rien avoir perdus...

....Le sabmedi apres feste Sainct Remey, les seigneurs de justice et du conseil de la cité de Metz... commirent sept de entre eulx pour aviser et regarder entour les murs de Metz où il faulrait *serpentines*, *collevrines*, arbollestres, et autres traicts à ce nécessairees... Et tout ce qu'il y faulrait, ilz le doivent faire faire, et la justice leur ferait délivrer l'argent.

....Et ordonnèrent à chascuns mestiers leurs tours ens murailles de la cité, qu'ilz firent fournir et assortir d'*artillerie*, traicts, *pouldre* et aultres choses...

II

HISTOIRE DES DÉVELOPPEMENTS DE L'ARTILLERIE MESSINE.

1. *Services rendus en rase campagne.* — Nous n'insisterons pas sur l'effet produit par les deux bouches à feu que le sire de Bitche fit jouer si heureusement en 1324. Les détails fournis par notre premier chapitre peuvent de droit prendre la tête de celui-ci. Contentons-nous de rappeler que le théâtre de l'engagement fut le bas de la côte de Saint-Julien.

Si les annales du quatorzième siècle et la première moitié du siècle suivant ne fournissent rien de plus, chose peu étonnante d'ailleurs, car il n'entrait pas dans la tactique de la cité de risquer ses forces au-dehors, nous ne voyons pas sans surprise, en 1442, se produire le premier et jusqu'ici l'unique exemple d'une vraie pièce d'artillerie légère manœuvrant au moyen âge avec un parti de cavalerie.

Le 2 octobre, au point du jour, 160 chevaux lorrains tombent sur Ancerville et y brûlent une quarantaine de maisons. Au moment où deux villages voisins vont éprouver le même sort, 180 chevaux sortent de Metz en toute hâte, donnent la chasse à l'ennemi, et après une poursuite de trois lieues (qui devaient bien avoir alors six kilomètres au moins chacune) le joignent devant Château-Bréhain. Rangés derrière un petit ruisseau, les Lorrains avaient mis pied à terre pour leur tenir tête, mais leur contenance perd de sa solidité à l'aspect *d'une serpentine* qui était avec les *soldairs* de Metz; ils battent en retraite en laissant cinquante-trois chevaux de selle et seize morts sur le terrain.

On ne saurait méconnaître un véritable emploi de l'artillerie à cheval, dans cette marche en avant, que notre texte justificatif qualifie lui-même de *chevauchée.* Ajoutons, pour corroborer encore notre assertion, que presque à la même époque (1446) les comptes des sept de la guerre nous montrent les charrons occupés à faire des affûts, des roues et des limonières pour des serpentines de quatre et cinq cents livres. Le poids et l'équipement de ces bouches à feu remplissaient donc les conditions de mobilité exigées par notre récit. En voici du reste la reproduction intégrale.

1442.

« Le mairdy, lendemain de la sainct Remy, deuxiesme jour d'octobre, vindrent Rodat Bayer, seigneur Henry Bayer, Philippe du Chaistellet, Olrey de Rottenszhufz et Andreu de Parroye, et avec leurs gens qui estoient environ huit vingt chevaulx, arrivèrent à Anserville, au point du jour, où ils brullèrent quarante que grainges que maisons, et boultèrent le feu en deux villaiges près d'Anserville, appartenant à ceulx de Mets. Les seigneurs de Mets, de ce advertis, avec les soldairs et serviteurs, au nombre de neuf vingt, en diligence les poursuirent et les mirent en chasse, bien trois leues long et en jusques à un petit ruyt (ruisseau) auprès devant le chaistel Brehain, où les ennemis de la cité mirent pied à terre ; et ceulx de Mets les assaillent vertueusement et prindrent cinq hommes d'armes : et Rodat Bayer et ses gens se retiront oultre d'uug grant fossé *pour le double d'une serpentine* qui estoit avec les soldairs de Mets ; et portoit Jehan Bollay le panon de ceulx de Mets. Et gaingnont les dits de Mets le pannon Rodat Bayer, cinquante trois chevaulx de selle et tuont seize compaignons de guerre et en navront plusieurs, et y eult vingt chevaulx tués.

« Après ceste *chevaulchée* et course faicte, les seigneurs sept de la guerre, etc., etc.

(*Chroniques messines*, p. 213).

1490. Les troupes du duc de Lorraine, fortes de mille chevaux, de quinze cents piétons et de dix pièces d'artillerie, viennent se ranger en bataille à la hauteur de l'orme d'Augny. Leurs avant-coureurs poussent jusqu'à Saint-Ladre où sont postées toutes les forces dont la cité peut disposer : douze cents chevaux, cinq mille piétons et dix pièces d'artillerie.

Après être resté en présence pendant la matinée du 17 juin, on bat de chaque côté en retraite sans combattre. « Jamais, assure Philippe de Vigneulles, n'osèrent frapper l'une contre l'autre pour les artilleries et batons que chacune des dites parties menoienf. »

La timidité de la petite armée messine, bien supérieure en nombre à ses ennemis, est ici plus apparente que réelle. Ses douze cents chevaux sont, pour les deux tiers au moins, composés de mercenaires allemands peu soucieux d'engager une bataille où il n'y a que des coups à gagner; son infanterie, bonne pour une guerre de coups de mains, ne doit être compromise qu'à la dernière extrémité dans une rencontre de ce genre. — Enfin les hommes sont rares à Metz, où on aurait difficilement de quoi réparer les pertes causées par une victoire un peu disputée. La seigneurie de Metz le sent bien. Aussi ne faut-il pas s'étonner de la voir en toute occasion déployer une prudence qui paraît pusillanime si on en considère l'attirail de guerre dont elle dispose et l'esprit militaire dont elle se fait gloire.

A cette même date, un dernier fait peut encore être rattaché à notre sujet. Craignant de voir couper la digue de Wadrineau, la cité en défend les abords par une tranchée abandonnée à la tombée de la nuit, réoccupée chaque matin par un fort détachement et deux ou trois bonnes serpentines. Le terrain environnant a été d'abord dégagé par un grand abattis d'arbres.

A défaut d'engagement sérieux, quelques alertes tiennent en haleine l'artillerie de campagne de la cité.

En 1497, une douzaine de pièces sont chargées à la *grange de la ville*, et sortent en bon ordre par la porte du pont des Morts pour observer des mouvements de troupes lorraines et bourguignonnes.

En 1525, sept pièces prennent le même chemin, vont jusqu'à Vaux et Jussy et ne rentrent qu'après avoir vu s'éloigner trois mille hommes des bandes françaises de Champagne.

2. *Services rendus dans l'attaque des places.* — 1349. La prise et la destruction de plusieurs forteresses, telles que Château-Salins, Amelécourt, Domèvre, Saint-Epvre, Dullange, dans une campagne entreprise par les Messins de concert avec leur évêque, est un des premiers faits que nous ayions à signaler. L'année précédente, peu de jours avant la Toussaint, on avait fait faire force à « engins, artillerie et « chars pour les mener hors de la ville où nécessité sera, avec « canonniers et bombardiers pour gardeir, aviseir et entrete- « nir iceulx engins en bon estat. » (*Chron. de Praillon.*)

Nous manquons de détails suffisants sur la prise des châteaux de Conflans (1354), de Mandre et d'Heis (1368), de la tour de Gondrecourt (1369). Mais l'acte d'engagement par lequel on alloue en 1385 à Jehan Jennon, « maistre des bombairdes et canons, » une gratification de deux livres « pour chescune fourteresse qui, par son fait, se gagneroit, » nous semble prouver la participation directe de ses prédécesseurs en de semblables occasions.

1387. La cité de Metz envoie aux siéges d'Hettange et de Lanoy une bombarde d'airain. Le fait ressort d'un inventaire de 1406 reproduit dans les preuves du tome IV de l'*Histoire de Metz*, comme émanant des archives de la ville. Nous devons à la vérité de dire qu'il n'est plus resté trace de ce titre important, malgré les assertions récentes de plusieurs historiens qui ont voulu paraître avoir recouru aux sources originales en se dispensant de citer les Bénédictins.

C'est probablement cette bombarde qui, la même année, se présente trois fois devant Boulay, ne restant chaque fois pas plus de trois jours et se retirant sans que ses pierres aient produit *chose de vallue*. Les expressions du chroniqueur nous donnent à penser qu'on comptait avant tout sur l'effet moral des projectiles, car si l'on abandonne un jour au moins aux mouvements de l'arrivée et du départ, il ne suffit pas de deux jours à quelques boulets de pierres pour démanteler une enceinte en bon état. (*Chron. mess.* ann. 1387).

Les petites vanités de l'artillerie messine devaient avoir leur dédommagement. Huit ans après, elle est appelée à l'aide du duc de Bar, qui ne peut prendre à lui seul la forteresse du Saulcis où s'est enfermé un vassal rebelle ; cette fois il suffit de la vue des bombardes pour faire capituler la place.

En 1416, les comptes de la ville nous montrent le maître Lallemand partant avec sa bombarde pour le siége de Florange.

Le 8 septembre 1434, confédérés cette fois avec les Lorrains contre un ennemi redoutable, les Messins envoient au siége de Commercy un contingent fort d'environ deux mille quatre cents hommes ; leur artillerie et leurs munitions de toutes sortes chargent trente chariots. Le feu des bombardes paraît assez nourri, car l'envoi de deux tonnes de poudre est jugé nécessaire à deux reprises, le 19 septembre et le 1er octobre. L'artillerie essuie une sortie de deux cents hommes d'élite qu'elle repousse victorieusement sans autre dommage que deux bombardes enclouées. La place eût été prise si l'or du damoiseau de Commercy et l'intervention du connétable de France n'eussent forcé les confédérés à lever un siége long déjà de six semaines.

Après une attente de huit années (1442), la cité se venge de ce mécompte en envoyant cent quarante soldoyeurs au siége de Sollcuvre fait alors par les Luxembourgeois. La garnison qu'y avait mise le damoiseau de Commercy se rend en apprenant que *ceulx de Mets alloient quérir artilleurs pour les assaillir*.

1477. Les soldoyeurs et deux cents piétons vont, sous la conduite de trois chevaliers, enlever le château de Pontoy occupé par une troupe d'aventuriers. Ils mènent avec eux des pièces légères ou petits bastons sur chariots. Deux ans après, dix-huit chariots d'artillerie et de munitions sont préparés pour le siége de Damvillers.

1483. Le siége de Richemont est une des plus belles campagnes de nos bombardiers dont l'équipage de siége se compose d'une grosse et d'une moyenne bombarde, d'un courtal, d'un mortier, de quatre grosses serpentines et de plusieurs autres *pièces de bonne artillerie.* Les détachements d'ouvriers en fer et en bois marchent avec les canonniers, sous les ordres de Michel le Gournais, chargé de cette partie du service.

Après avoir reçu en route les compliments des seigneurs Luxembourgeois qui assiégeaient Rodemack, l'artillerie de la cité se met en devoir de faire brèche à la maîtresse tour de Richemont, dont le château était assis sur la Moselle, dans une forte position. Le premier coup de la grosse bombarde vient frapper la muraille sans l'entamer; aussitôt les défenseurs saisissent l'occasion de s'en moquer. Suivant un usage encore populaire, ils feignent d'essuyer avec un couvre-chef la place contre laquelle le projectile avait été lancé. Piqués au vif, les bombardiers messins y répondent par une décharge générale de huit pièces qui fait cette fois dans le mur une brèche raisonnable[1]. « Et deppuis n'eurent tallent d'essuyer la place où tiroit la dite bombarde, » s'écrie à ce propos Jehan Aubrion. La place se rend un mois après.

3. *Services rendus dans la défense des places.* — Les places du pays messin sont les *moutiers* et les *fortes-maisons;* une seule mérite vraiment le nom de château-fort, c'est Vry dont les ruines ont encore quelque aspect. Néanmoins on lui faisait encore beaucoup trop d'honneur en l'appelant la *petite Metz.* Entouré de larges fossés, commandant un pays découvert, bien approvisionné de munitions et d'artillerie, Vry seul était, disons-nous, capable d'une défense sérieuse. Dans la guerre de 1444, ses vingt-deux défenseurs y tiennent tête aux Français, du 18 septembre au 19 octobre. Malgré le feu continuel de sept grosses bombardes, ils avaient peu

---

[1] Aubrion dit un trou de huit pieds, mais le chiffre nous paraît trop bien coïncider avec celui des bouches à feu pour que nous lui accordions une entière confiance.

après l'investissement, fait une sortie de nuit qui avait coûté à l'ennemi quatre-vingts chevaux, une vingtaine d'hommes et un maître bombardier brûlés dans une grange pendant leur sommeil.

Les moutiers étaient, comme le nom l'indique, de simples églises de village munies d'une tour et quelquefois de terrasses crénelées comme celle de Chazelles l'était encore naguère. Les paysans qui n'ont pu ou voulu se réfugier à Metz courent se renfermer là avec leurs femmes et leurs enfants et s'y défendent avec le courage du désespoir. Le plus bel exemple de ce genre est la résistance opposée, en 1489, au duc de Lorraine par cent quatre-vingts villageois d'Ancy, avec leurs femmes et leurs enfants. Leur moutier passait pour le plus fort du val de Metz, et il était défendu par quelques pièces d'artillerie dont ils surent tirer parti jusqu'à la dernière extrémité. Encouragés par un des leurs nommé Perrin, ils soutiennent un assaut de trois heures à la lueur de l'incendie qui dévore leurs maisons et leurs vignes. « Et de dessus les portes, dit le chroniqueur, quant on bouttait le feu ez bombardes (lorraines) on voyait lever la *fumière* (*fumée lumineuse*) et du coup la terre en retombissoit et donnoit son tel qu'il sembloit que ce fust empres la cité. » Quatre-vingts de ces braves gens sont tués en se défendant ou passés au fil de l'épée, après avoir mis hors de combat bon nombre de leurs assaillants et parmi eux six gentilshommes. Outré de dépit, le duc de Lorraine n'accorde la vie qu'à trente-six prisonniers et fait pendre Perrin au gros arbre sous lequel se donnait la fête du village. Déjà en une autre occasion (1446), le moutier d'Ancy avait tenu tête à quatre cents hommes d'armes commandés par Joachim Rouault, un capitaine français assez réputé[1]. Cette fois, les explosions successives de trois grosses bombardes permirent aux habitants de tenir dix

---

[1] Ph. de Vigneulles, p. 36.

semaines, au bout desquelles les troupes de l'évêque, seigneur du village, arrivèrent à temps pour les débloquer [1].

Quant aux châteaux ou maisons seigneuriales telles que Louveny, Ennery, Verny, Ladonchamps, Montoy, Goin, Moulins, très-nombreux dans le pays messin où chaque village a presque le sien, ce sont des postes bons tout au plus à défendre contre quelques maraudeurs. En temps de guerre, l'ennemi ne manque jamais de courir à ces faciles conquêtes, et les petites garnisons envoyées par les seigneurs, car ce sont toujours des propriétés particulières, se rendent sans coup férir, quand elles n'ont pas déjà pris la fuite en emmenant tout ou partie des pièces d'artillerie, des approvisionnements et des meubles dont on leur a confié la garde. Le quinzième siècle est rempli d'exemples de ce genre. Au commencement du seizième siècle, la prise du château de Villers, par les soldats de Sickingen, nous montre la garnison composée d'un couleuvrinier de la ville, d'un bombardier nommé Jehan Defer, exerçant le métier de fondeur derrière Saint-Simplice, et d'un certain nombre de lansquenets étrangers. [2] Le château de Vry était seul entretenu par la cité.

Comme on vient de le voir, il y avait peu de gloire et encore moins de profit à recueillir en défendant les petites places. Aussi conçoit-on le dégoût que les Messins manifestent en 1518, lorsqu'André de Rineck demande à une quarantaine de vignerons réunis sur les degrés de la place de Chambre, s'ils veulent aller tenir garnison en son château de Ladonchamps.

« Nous ne demandons pas mieux, dit l'un d'eux nommé Jehan de Vigy, mais qui nous paiera ? »

Et comme le seigneur de Ladonchamps répondait qu'à défaut de solde ils auraient des vivres et de la bière à

---

[1] *Chroniques messines*, p. 254.

[2] Ph. de Vigneulles, p. 384.

discrétion, ils lui tournent le dos en murmurant qu'ils aiment mieux rester pour boire du vin à Metz que d'aller boire de la cervoise à Ladonchamps.

La défense d'une place comme Metz nous reporte naturellement sur un théâtre plus sérieux, plus digne de l'appareil imposant que déployait la cité en temps de guerre. Mais ce siége a-t-il eu réellement lieu pendant la période qui nous occupe? On est presque tenté de résoudre négativement la question, si on veut bien se rendre un compte exact du passé.

Faisons abstraction du siége de 1324, à la date duquel les remparts paraissent encore dépourvus de bouches à feu, et nous restons vis à vis de trois autres siéges ou du moins de trois faits de guerre réputés tels; ils nous reportent aux années 1429, 1444 et 1518.

1429. Après avoir enlevé les châteaux de Goin et de Crepy, l'armée du duc de Lorraine arrive en vue de Metz, le 12 juillet, avec un train d'artillerie considérable. Sur deux de ses bombardes mises en batterie, la plus grosse éclate du premier coup et suspend le feu de sa voisine.

Le canon de Metz paraît avoir voulu imiter leur silence ce jour-là; mais le 13, il prend sa revanche sur une troupe de Lorrains qui, descendus de Peltre, ravagent les vignes d'Outre-Seille. Une vingtaine d'hommes sont tués par deux grosses bombardes qu'on leur fait l'honneur de dresser tout exprès sur la porte Mazelle.

Jusqu'au 15, les Lorrains laissent la ville pour aller dévaster les environs sous les yeux du duc Charles, que ses infirmités condamnent à se faire promener dans une litière. Après avoir poussé leurs cantonnements jusqu'à Malroy, ils reviennent couper les vignes du coteau de Saint-Julien, et leur maître bombardier établit sur la hauteur deux grosses bombardes qui cette fois envoient vingt-neuf projectiles près de la cathédrale, sur le haut de Sainte-Croix et sur la rue des Murs. Les dégâts causés sont insignifiants, mais le chroniqueur n'a pas manqué d'en tenir bon registre. Il nous décrit complaisamment la chute de deux projectiles qui vont l'un écraser un petit chat (chaisson) léchant la poêle où de pauvres gens venaient de faire leurs *poussattes* (bouillie); l'autre abattre un pot de marjolaine dans la petite cour de Philippe Marcoul; puis il nous dépeint en termes assez comiques la colère et la terreur éprouvée à la vue de ces sinistres, par les deux ménagères, qui se prennent d'abord à *braire* en criant *à l'arme*, puis qui se répandent en imprécations contre les Lorrains qu'elles veulent massacrer tous de leurs propres mains.

Voyons maintenant de quelle manière ripostait l'artillerie des assiégés. Derrière le pont, entre les deux rivières, dit la *Chronique du doyen de Saint-Thiébault*, c'est-à-dire près des remparts qui avoisinent aujourd'hui le pont des Basses-Grilles, ils installent deux grosses bombardes pour répondre à la batterie de Chastillon. « Et monstront iceulx bombardiers de Mets que leur jeu n'estoit point d'enffans » s'écrie fièrement un autre texte [1]. Leur décharge abat dix hommes et *le blanc cheval* que montait un des gentilshommes du duc. Irrité, celui-ci ordonne à son maître bombardier d'augmenter la portée du tir de la grosse bombarde, afin de rendre au cœur de la ville le mal qu'on venait de lui causer. Mais celle-ci ne peut supporter une double charge et porte, par une seconde explosion, un nouveau trouble dans l'artillerie lorraine dont le feu cesse tout à fait, bien que personne n'ait été atteint par les débris.

Si le rôle de l'artillerie de part et d'autre s'est borné à ce que raconte la chronique, il faut convenir de la médiocrité de son rôle, médiocrité d'autant plus frappante qu'à la même époque le canon faisait merveille au siége d'Orléans. Il est vrai que ce siége de 1429 n'est en réalité qu'une très-forte reconnaissance poussée sous les murs de

---

[1] *Chroniques messines*, p. 166.

la place, sans que les assaillants aient l'intention de tenter rien de sérieux.

Au point de vue où nous nous sommes placé, le grand siége de 1444 est, malgré les grands préparatifs de la cité, malgré les forces imposantes de Charles VII et du duc d'Anjou, aussi insignifiant que celui de 1429; il se réduit à un blocus pendant lequel, tout compte fait, on n'échange pas plus de dix coups de canons. Voici à quelles occasions.

Le 22 septembre, vers dix heures du matin, un corps français escorte une trentaine de chariots d'artillerie le long de la Moselle. Arrivé aux environs de la porte Thionville, il met en batterie sous les saules du rivage un veuglaire qui envoie quatre à cinq coups en la rue de Vezigneuf, près de l'église Saint-Martin. Puis il se retire brusquement à la faveur de la nature boisée du terrain. Le vrai motif de ce mouvement, resté inexpliqué, n'aurait-il pas été de masquer le passage du train d'artillerie qui était destiné à la réduction des petits châteaux du pays. Quelques jours auparavant, un premier convoi avait déjà pris cette route, et on n'avait guère alors le choix des chemins praticables.

Tout ce charroi repasse le 24 octobre suivant. Son apparition inattendue fait regretter aux Messins de n'avoir pas été prévenus à temps pour le contrarier. Cependant leur batterie de Saint-Hilaire, près Saint-Arnoud, a le temps de le saluer du feu de ses trois bombardes. Mais la précipitation du tir nuit à leurs coups dont deux seulement portent juste.

Cette batterie, établie près de Saint-Hilaire-le-Petit, à hauteur du palais de justice actuel, n'avait été définitivement assise que depuis une quinzaine de jours. On avait, à cette date, amené deux grosses bombardes à côté de celle qui s'y trouvait déjà. Elles devaient protéger la digue de Wadrineau que les Français se proposaient, disaient-on, de couper [1].

[1] *Chroniques messines*, p. 226-9. Journal du doyen de Saint-Thiébault.

1518. Francisque de Sickingen paraît devant Metz au commencement de septembre. Son armée est nombreuse et aguerrie; son artillerie excellente; lui-même passe pour un des bons capitaines de l'empire, et cependant il paraît en vouloir beaucoup plus au trésor de la cité qu'à l'intégrité de ses murailles. Pendant que le Rhingrave sert aux deux partis de médiateur intéressé, il attend la fin des négociations en ravageant comme d'habitude les campagnes environnantes. C'est le cinq et le six septembre que son armée se rapproche le plus du mur d'enceinte. Aussi les canonniers de métiers n'épargnent-ils pas cette occasion de faire jouer l'artillerie de leurs tours où ils étaient contraints de veiller depuis un certain nombre de nuits.

Cette canonnade ne présente qu'un épisode intéressant. Avertis par un veilleur du clocher de Mutte du dessein qu'a l'ennemi d'établir ses pièces sur divers points de la hauteur de Belle-Croix, deux seigneurs messins, Philippe Dex et Nicolas de Raigecourt, font traîner deux grosses serpentines dans un jardin, entre Sainte-Ségolène et le couvent des cordeliers, où l'élévation du terrain leur permettait de répondre plus avantageusement que des remparts. A l'instant où les pièces de Belle-Croix s'apprêtent à faire feu, ils commencent le leur, et « Dieu sait, dit un auteur contemporain, s'ils firent bien sonner et bondir leurs serpentines! » Raigecourt pointe son premier coup avec assez de bonheur pour tuer plusieurs hommes aux côtés même de Sickingen. Les assaillants ripostent par des décharges qui, parties dans toutes les directions, paraissent avoir seulement pour but d'effrayer les habitants. Un projectile est dirigé contre la muraille, un second vient frapper la maison attenante au jardin de nos deux pointeurs, et tous les autres tombent soit dans les rues, soit sur les maisons où ils cassent un assez grand nombre de tuiles. Pendant ce temps, l'artillerie de la porte des Allemands et des tours qui regardent de ce côté-là font tellement rage « qu'il sembloit, au dire de Vigneulles, que ce fut fouldre du tabourement qu'ils menoient et qu'on n'oyoit goutte. » C'est le seul combat d'artillerie qui soit à signaler dans ce nouvel épisode.

On le voit, les trois siéges dont nous avons relevé les moindres détails ne sont en réalité pas dignes d'un semblable nom. C'est à peine si les Messins échangent en cent ans trente bons coups de canons avec un ennemi. Le bon état de leurs défenses inspire un respect tel que non-seulement on ne donne pas d'assaut, mais encore qu'on ne cherche pas à y faire brèche ni à creuser un seul pied de tranchée en vue de la place. Le duc de Lorraine, le connétable de France et le sire de Sickingen ont voulu chacun en leur temps réduire le pays, bloquer la cité, mais ils n'ont pas essayé un instant de l'enlever de vive force.

Le rôle de l'artillerie messine n'en est pas cependant moins efficace et la conscience de sa force entre évidemment pour beaucoup dans le soin qu'on paraît mettre à l'empêcher d'en faire preuve. Rappelons qu'en 1518 plus de cent bouches à feu de calibre et de quatre cents pièces légères hérissaient les remparts de la cité.

4° *Services rendus par les armes portatives*. L'usage de la coulevrine dût se vulgariser à Metz à peu près vers la même époque qu'en France, de 1425 à 1430.

Il était bien répandu au siége de 1444, car une bande de hardis vendangeurs arrivés en bateau par la Moselle, fit, la coulevrine au poing, sa récolte sous les yeux de l'ennemi. Les services rendus par cette arme portative, la première connue, la propagent avec rapidité. Une compagnie de coulevriniers bourgeois s'organise à Metz; beaucoup de bonshommes de village, pour leur sûreté personnelle, et les marchands eux-mêmes s'arment de coulevrines pour la plus grande commodité de leur trafic. Pendant les longues guerres de la fin du quinzième siècle, il est peu de compagnons messins qui, sortant à petites bandes pour chercher aventures, n'aient la coulevrine sur l'épaule et ne s'en servent avec succès contre les cavaliers ennemis, quand toutefois la pluie n'a pas fait rater leurs amorces.[1] Grimpés dans leur clocher, les gens de campagne résistent pour la première fois aux hommes d'armes qui croient en avoir bon marché. On peut rappeler à ce propos les deux siéges du moutier d'Ancy et la défense du village de Marange attaqué par les soldats de Robert de la Marche. Nos annales messines offrent à plusieurs fois des exemples de tous ces faits. Nous nous contentons de choisir le plus remarquable, il date du mois de février 1438.

Huit cents chevaux français viennent courir, suivant l'expression du temps, à Jouy, à Corny et à Novéant. Répétant une manœuvre déjà employée avec succès en 1324 et plus tard en 1444, le maître canonnier Jacques Commofle remonte la Moselle jusqu'à Novéant dans une barque d'où le feu de ses couleuvrines inquiète tellement la rive gauche qu'il fait perdre à cette cavalerie l'intention de pousser jusqu'à Ars et Ancy.[2]

5. *Rôle des bouches et des armes à feu dans les solennités.* Dès que la poudre n'est plus une chose assez chère pour qu'on soit tenté de la ménager, chaque solennité en a sa large part.

En 1510, l'artillerie de la porte Serpenoise et des tours voisines salue l'arrivée et le départ de la procession qui vient bénir l'achèvement des fortifications nouvelles faites de ce côté. Ses salves sont si nourries qu'il semblait à Vigneulles *que tout deust fendre.*

Ces travaux de la porte Serpenoise servent, pendant le carnaval suivant, de théâtre à une fête assez ingénieuse dans lequel l'artillerie joue un rôle moins bruyant. Un char de triomphe y transporte en cérémonie maître Jehan, tailleur d'images, ordonnateur de la journée, vêtu à l'ancienne mode

---

[1] Ph. de Vigneulles, p. 347

[2] Curé de Saint-Eucaire.

et chargé de représenter, sous un gros chaperon rouge à bourlet, les traits de la bonne ville de Metz. A ses côtés chevauchent les maîtres ouvriers qui, comme lui, ont contribué à la confection, à la défense ou à l'ornement de la porte et de son boulevard extérieur. Une fois arrivée, la cavalcade se sépare en deux : d'un côté se place maître Jehan, entouré de ses conseillers ; de l'autre se rangent les maîtres *en art mécanique* qui, sans descendre de leurs coursiers, viennent ensuite défiler devant lui sur la présentation d'un personnage allégorique nommé *Engin*. Il va sans dire que parmi eux se trouve le maître bombardier-artillier tenant à la main, comme symbole de sa profession, un petit modèle de bouche à feu en bois doré.

L'artillerie messine prend aussi grande part à la célébration des réjouissances qui suivent la proclamation de la paix entre Charles-Quint et François Ier (1525).

Cinquante compagnons *collevriniers-hacquebutiers* de la ville, convoqués en uniforme et armés de leurs *collevrines*, vont en outre recevoir en l'une des granges du Saint-Esprit chacun une grosse hacquebutte à crochet, avec la poudre et les agrés nécessaires. Ainsi équipés ils vont se poster aux quatre coins du champ à Seille. Des pièces de gros calibre et des courtaulx sont traînés et mis en batterie sous les arceaux des Célestins. Enfin chaque maître de métier dans sa tour, comme chaque châtelain dans son château de porte, se tient à la tête de ses canonniers, prêt à faire jouer son artillerie particulière. Le retentissement produit par cette salve générale, au signal de Mutte qu'accompagnent à grande volée toutes les cloches de la ville, est tel que plusieurs gens de campagne vont, saisis de peur, coucher au bois ; le son s'en propage jusqu'à Ancerville et jusqu'au ban de Delme.

En 1540, Charles-Quint fait son entrée à Metz. Une partie des hacquebutiers, invités les jours précédents à ne pas s'absenter de la ville sans permission, forment la haie au Pont-des-Morts. [1] Des salves partent à la fois des trois portes Serpenoise, du Pont-des-Morts et du Pontiffroy, ainsi que de toutes les tours de métiers réparties sur cette partie de l'enceinte. Par dessus le tout résonnent six grosses pièces d'artillerie placées à la terrasse de Saint-Hilaire.

Ce furent là les derniers coups de l'artillerie messine ; elle était redevenue française quand son ancien suzerain reparut une douzaine d'années après, et cette fois elle ne résonna plus en son honneur

---

[1] Le reste veillait à la sûreté des châteaux de porte et des tours, tandis que plusieurs maîtres bombardiers se tenaient, avec leurs servants et plusieurs pièces légères prêtes à faire feu, cachés dans les granges d'Anglemur et du Saint-Esprit. Ces mesures de précaution extrême étaient de tradition dans la ville qui, tout en faisant fête aux visites de ses suzerains, semble constamment s'en défier comme d'un ennemi.

III.

PERSONNEL.

1. *Maîtres de l'artillerie.* — Ce sont deux officiers choisis parmi les membres du conseil de la cité, éligibles comme eux et nommés indifféremment *gouverneurs*, *maîtres* ou *commis au fait de l'artillerie.* Leur pouvoir est moins exécutif que leur titre ne le fait supposer. Quoique supérieurs immédiats des maîtres de bombardes et des couleuvriniers, ils ne paraissent avoir aucun droit d'initiative dans les occasions un peu importantes, et se contentent de transmettre les ordres soit au nom des Treize de la justice, soit des Sept de la guerre, deux conseils où ils siégent d'ailleurs, ce qui les fait appeler souvent par extension *Sept de l'artillerie,* bien qu'ils soient seulement deux.

Ils sont assistés d'un *clerc de l'artillerie.* Mais toute la comptabilité du service n'incombe pas même à ce dernier, car c'est entre les mains du trésorier de la cité que les maîtres bombardiers délivrent presque toujours leurs quittances d'appointements.

Nous ne savons trop s'ils doivent rendre des services en dehors de leurs attributions ordinaires. Néanmoins Renauld de Gournay, chargé du service de l'artillerie au siége de Richemont (1483), et Nicolle de Raigecourt, qui eut avec un Desch l'honneur d'envoyer les premiers boulets aux batteries de Sickingen, durent être des maîtres-gouverneurs.

Un compte de 1416 nous apprend que les maîtres d'artillerie présidaient la commission qui, à certaines époques, inspectait l'état de défense de la place. Ils recevaient également le serment de fidélité des couleuvriniers, et leurs noms se gravaient parfois sur les bouches à feu nouvellement fondues.

Dans des circonstances exceptionnelles, les attributions si

restreintes des maîtres de l'artillerie peuvent se réduire encore. Ainsi nous voyons en 1476, l'année de la tentative du duc de Lorraine, les chevaliers Jehan Boulay et Wiry Roucel et l'échevin Pierre Baudoche, *commis en fait des poure de bombardez, souffre et sallepeltre de la cité.* (Comptes du changeur).

2. *Maîtres bombardiers; canonniers de la cité, des châteaux et des métiers; valets et manouvriers d'artillerie.* — L'institution ne reçoit une organisation régulière qu'en 1348. Les préparatifs d'une guerre sérieuse font décréter alors par les Treize l'établissement de maistres canonniers et bombardiers « pour gardeir, aviseir et entretenir engins et artillerie en boin estat comme pour s'en servir, quant la cité en aura besoing ou nécessité [1]. »

Le premier *maître des bombardes* dont l'histoire messine nous ait transmis le nom est un allemand, Hennement Fleeller. Une quittance citée par les bénédictins comme appartenant aux archives de la cité (Pr. t. IV), mais qui depuis ce temps a disparu comme bien d'autres, nous apprend qu'avant 1384 il touchait par an trente livres de gages.

Presque immédiatement après, un titre du plus haut intérêt vient nous donner des indications plus précises. Nous voulons parler de l'engagement du maître Jehan Jennon, conservé aux archives de la ville (portef. 12, liasse 13); il remonte au 20 novembre 1385.

Par cette charte inédite, dont nous résumons scrupuleusement les conclusions principales : 1° Jehan Jennon est retenu par la commune comme « maistre des bombairdes et des canons, *toute sa vie durant, comme il averoit la vie en cors.* » 2° A la première réquisition, n'importe où, il doit dévouer sans réserve ses talents spéciaux au service de la chose publique. 3° Il n'a aucun frais à sa charge, *saulf lou*

---

[1] Chronique de Praillon.

molle, c'est-à-dire la fabrication de la cavité destinée à recevoir le métal en fusion lors du coulage de la pièce. 4° Il lui est interdit d'aider de son expérience ou de son travail aucun étranger, qu'ils soient *escleiziastres* ou *seculeirs*. 5° Une gratification de deux livres messines lui sera comptée toutes les fois qu'il aura contribué à la prise d'une forteresse. 6° Il a droit, sa vie durant, *en queil état qu'il soit*, à une pension annuelle de cinquante livres messines payable en deux termes. 7° Il doit former un élève choisi par les Treize, et cet élève, une fois passé maître, sera pendant toute la vie de Jehan Jennon assujetti aux mêmes obligations que lui. S'il meurt, la justice se réserve le droit de nommer un autre aspirant à la *maistrie don dit métier*.

Voici du reste le texte de cette pièce importante :

1385. « Nous li maistre eschavins, li treses, li contes jureis, li paraiges de Portemuzelle, li paraiges de Jeurue, li paraige de Saint Martin, li paraiges de Porsaillis, li paraige d'Outresaille et toute la communalteis de la citeit de Mes faixons savoir et congnissant à tous que nous avons retenut en notre servise Jehans Jennon, le maistre des bonbairdes et des canons, toute sa vie durant, en queil estait qu'il soit, comme il averoit la vie on cors, en teil manieire que bonnemant et lealmant le dit Jehans, sa dite vie, nous doit servir et aidier en notre citeit et defuers, et ouvreir pour nous de son mestier des bonbairdes et des canons toutes foiz et quantes fois que mestier et necessiteit nous seroit ; et on l'an requéront par teil que nous li dobvons soignier en place toute coustanges saulf lou molle. Et dès mainstenant, li dit Jehans, sa dites vie durant, doit estre et demoureir dou tous et tenir en son hosteil en notre citeit pour nous servir et aidier de son dit mestiers comme dessus. Et ne puet ne ne doit li dit Jehans, sa dites vie durant, point alleir fuers de notre citeit, ne servir ne ouvreir de son dit mestier pour nulz signours ou princes ou aultres persolnes de defuers Mes, queilconques il soient, escleiziastres ne seculeirs, se par notre grey et par notre voulanteit n'estoit. Mais nous doit tout jour servir et ouvreir de son dit mestier pour nous et pour les personnes de notre citeit et nom plux. Et toutes fois que nous ou ceulz de notre citeit manrons le dit Jehan à sièges devant fourteresse, il doit estre des despens de lai ville. Et se par son fait ou par son entreprinse, li fourteresse se waingnoit, nous li dobveriens paieir et delivreir pour chescune fourteresse qui par son fait et par son entreprize se waingneroit, deux livres de messains, mennoye de notre citeit. Et pour le servixe que li dis Jehans Jennon nous doit faire comme dessus, nous li avons donney et ottroieit et par ces présentes letires donnons et ottroions, sa dites vie durant tant soullemant en queil estat qu'il soit, cincquante libres de messains, mennoye de notre citeit, de pencion chascun ans que nous li devons chescan paieir et paierons az chainge en notre citeit à dous termines, c'est assavoir la moistié le jour de feste S[nt] Estenne lou demain de Noieil ou dedens les octaves, et l'autre moitiet le jour de feste de S[nt] Jehan Baptiste ou dedens les octaves, par ency que à chascun paiemant que nous li ferons chescun ans, il nous dobverait donneir letres de quitanses de celli paiemant en fourme de hue (en forme de notification). Et pour les dites cinquante livres de paincion à paieir chescun an au dit Jehans pour les termines dessus dis, toutes sai dites vie durant sen plux, l'en avons nous obligié et obligeons, mis et metons en waiges tous nos biens et tous lez biens de notre citeit, moible et nom moible, présent et à venir. Encor est assavoir que parmex (en échange de) ces choses dessus dites, li dis Jehans Jennon doit aipanre (apprendre) la maistrie de son mestier des bombairdes et des canons à ung de notre citeit, teil comme il sembleroit estre boin à la justice de Mes, qui seroit pour le tamps et au plux dou consoil de notre citeit; liqueil n'en pouroit ouvreir toute la vie du dit Jehan durant pour nulle personne queilconsques de defuers Mes, fours que por nous et pour ceulx de notre citey, se dont n'estoit (à moins que) ce fut par lou grey dou dit Jehans Jennon et par la licence de lai justice de notre citeit qui serait pour le tamps et pour le plux dou consoil de nostre citeit. Et on cas que Deus ferait son comandemant si com de mort de cellui que li justice averait eslut pour aipanre lai maistrie dou dit mestiers comme dessus ainsoiz que dou dit Jehan, la justice de notre citeit que pour le tamps seroit, on y palroit mettre ung aultres en liu de celui qui trespaisey seroit, auqueil li dis Jehans doveroit aipanre lai maistrie de son dit mestier des bonbairdes et des canons par lai manière dessus dites. Et enci se doit il faire aidés (dès aujourd'hui) en pouxuivant toute la vie dou dit Jehan durant. Et est assavoir que tantost après le déceps dou dit Jehan, ces présentes lettres ne seront ne ne dobveront plux estre de nulle vallour.

» En tesmoignaige de véritett des chose dessus dites et pour ceu que ferme soit et estauble, nous Li Paraiges de Portemuzelle, de Jeurue, de S^nt Martin, de Porsaillis et d'Outresaille avons mis nous séelz en cez présentes lettres aveuc le grant commun seelz de notre citeit de Mes, que furent faites l'an de graise Nostre-Seigneur mil trois cens quaitre vins et cincq, le vintime jour don moix de novembre. »

Toutes les dispositions de cet acte, surtout quand on les compare aux enrôlements de date postérieure, révèlent la rareté des maîtres bombardiers au quatorzième siècle. Jehan Jennon est payé plus cher que ne le seront tous ses successeurs. Sa pension de cinquante livres est, par le fait, un véritable viager puisqu'il y a droit, même s'il se trouve dans l'incapacité de travailler, *en queil estat qu'il soit ;* disposition libérale qui a pu avoir ses précédents, mais dont la seigneurie messine ne donnera désormais plus d'exemple. Enfin on l'astreint à former un élève, et un élève né dans la ville, sur le patriotisme duquel on puisse compter dans l'avenir.

Des recherches persistantes dans les archives communales

nous permettent de donner une liste chronologique des maîtres au service de la cité depuis 1385 jusqu'à 1500. Nous avons tout fait pour qu'elle soit complète, sans oser la garantir telle.

Nous n'avons pas reconstitué sans peine ce tableau synoptique. S'il ne peut paraître curieux qu'aux amis de notre histoire locale, il donne du moins à tous une idée de la variété des sources auxquelles nous avons puisé. Nous aurions pu pousser au-delà de 1500, mais à partir de cette époque l'affaiblissement secret de la république messine réagit d'une façon visible sur l'organisation de ses moyens de défense. Ses bombardiers ou plutôt ses canonniers, car de 1510 à 1520 ils secouent leur ancien titre, ne sont plus qu'en très-petit nombre, ils n'obtiennent même pas sur les registres du comptable une place spéciale; ils sont confondus avec les soldoyeurs et les gens de pied. Oublieuse du passé, l'artillerie messine, après avoir eu un éclair de vigueur en 1518 lors de l'approche de Sickingen, devait tomber dans une décadence rapide. En 1543, l'incroyable attaque de Châtel-Saint-Blaise où les Messins eurent la mollesse inouie d'abandonner deux pièces de siége pour aller passer tranquillement un dimanche dans leur cité, suffirait au besoin à en fournir la triste preuve. Ceux de nos lecteurs qui voudront plus de détails sur cette ridicule affaire, la trouveront amplement racontée dans l'*Histoire de Metz*, par les bénédictins.

La plupart des autres bonnes villes se contentaient alors des services de bombardiers bourgeois; elles ne recourent que par exception à d'autres. Bien que disposant d'une population relativement aguerrie, Metz paraît toujours sentir le besoin d'attirer des maîtres étrangers, plus susceptibles de la tenir au courant des progès de leur art et plus intéressés à bien servir. Aussi, à côté des noms messins de Burthemin, de Symonat, d'Houdebrant, de Theirial, de Classequin, voyons-nous paraître bon nombre de Flamands, d'Allemands et de Suisses. Namur, Dinan, Bâle, Ausgbourg, Francfort,

Coblentz, Liége, Vienne, Trèves et Cologne y comptent tour à tour des nationaux.

Le nombre des bombardiers varie souvent. En 1413 et 1417 ils sont au moins trois. Ce nombre s'élève à douze pendant la guerre de 1444; à quatorze lors de la tentative du duc de Lorraine en 1476 pour redescendre à cinq en 1450, en 1460 et 1475, à trois en 1485, et remonter à dix en 1470. Causées en général par des bruits de guerre, ces variations influent sur la nature des engagements et sur le taux de la solde. Tandis que les maîtres en service touchent chaque année de 24 à 30 livres, les appointés extraordinaires émargent de 12 à 62 sols par mois. Leurs prétentions s'élèvent en raison du besoin qu'on peut avoir d'eux. A peu d'exceptions, leurs noms sont précédés du titre de Maître, et plus d'un indice nous prouve qu'ils avaient sous leurs ordres des valets et des servants ou *manouvriers*. Les plus anciens ont sept, dix, treize et jusqu'à vingt-six ans de services.

En leur qualité de fondeurs, les bombardiers joignent la confection des cloches à celle des bouches à feu. Le 24 septembre 1458, la grosse cloche *Marie*, qui résonne encore dans une des tours de la cathédrale fut refondue par les soins d'Antoine Richief [1]. Le scel de ce maître, conservé encore aux archives communales, peut [2] malgré ses avaries être considéré comme un monument sigillographique des plus remarquables; il représente une cloche et une bombarde de forme plus ancienne que ne le ferait supposer la date de la pièce (1441). Chaque maître bombardier avait d'ailleurs son scel particulier qu'il apposait toujours au bas du reçu de ses appointements. Nous donnons ici une reproduction aussi exacte que possible de trois de ces monuments, les seuls que

---

[1] Chronique du doyen de Saint-Thiébault.
[2] Layette 18, liasse 58, n° 26.

nous ayons trouvés à peu près intacts. Nos croquis sont de grandeur naturelle :

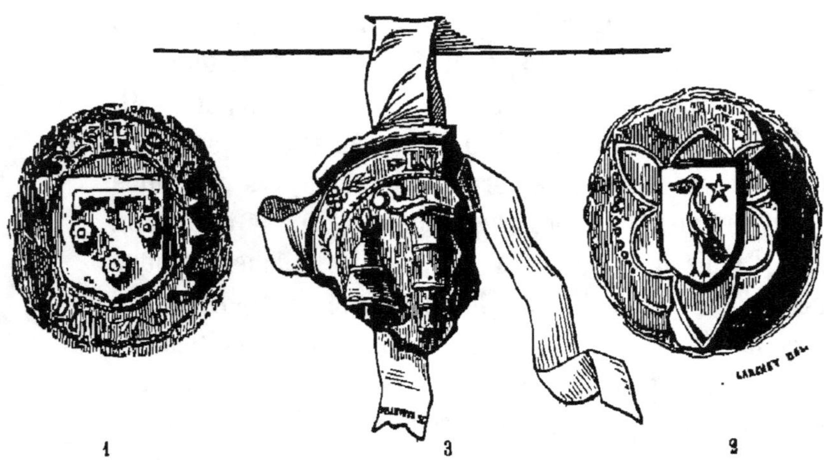

N° 1. Sceau plaqué de Jehan de Lanault, maître de bombardes de 1429 à 1431. — Un écu chargé d'un lambel et de trois roses, deux et une. — Sur la légende se lit le nom du bombardier. (Cire jaune).

N° 2. Sceau plaqué de Colart Jozel de Dynant, maître de bombardes de 1432 à 1433. — Un écu chargé d'une cigogne avec étoile au côté dextre. L'espace compris entre l'écu et la légende est rempli par une sorte de trèfle gothique. — La légende a disparu. (Cire brune).

N° 3. Sceau d'Anthoine Richief, maître de bombardes, de 1428 à 1441. — Il est brisé en partie, mais la portion conservée est la plus précieuse. — Les armes de Richief sont des armes parlantes; elles portent une cloche et une bombardelle, insignes de sa profession de fondeur-bombardier. — A la place de la légende, on paraît avoir voulu figurer divers attributs de métier, tels qu'un maillet et une grappe de projectiles d'où s'échappe un jet de feu. — Double queue de parchemin. — (Cire verte).

Ludovicus de Hamellâ, le liégois qui, d'après la *Chronique du doyen de Saint-Thiébault*, fit la grosse cloche de Mutte au mois d'octobre 1442, était également un maître de bombardes. Nous retrouvons à la même date son nom francisé (Lowy de Hamaille) sur notre table chronologique.

D'autres artilleurs poussent leurs connaissances spéciales jusqu'au rôle d'ingénieurs. Tel fut Jacques de Castel dit Commoufle; sur ses conseils, on éleva une tour qui porte son nom; elle est conservée encore aujourd'hui par le génie militaire sur le rempart Saint-Thiébault. Ce Commofle jouissait en son temps d'une grande réputation. On devançait la légende de Robin des Bois en affirmant qu'il avait fait un pacte diabolique, par la vertu duquel il était sûr d'atteindre trois fois son but en un jour. Le propos eut même des conséquences sérieuses et il fut obligé d'aller chercher son absolution à Rome [1]. — C'était d'ailleurs un vaillant homme de guerre [2].

Le fameux maître Jehan qui joua un rôle si glorieux aux côtés de la Pucelle était, dit-on, Lorrain. Peut-être fut-il un des trois bombardiers de ce nom qui servirent la cité avant le siége d'Orléans.

Nos chroniques font mention d'un autre pointeur singulièrement heureux, mais la leçon autographe de Jehan Aubrion, qui place ce pointeur au siége de Rodemack fait alors par les Luxembourgeois et les Lorrains, nous paraît préférable au texte édité par M. Huguenin, qui en fait honneur à l'artillerie messine occupée alors à battre les murs de Richemont.

Les maîtres bombardiers travaillaient parfois pour le compte des seigneurs voisins de Metz. Les archives de la ville contiennent encore une lettre assez curieuse du maître bombardier du duc de Lorraine qui, pour obtenir la remise

---

1 *Chron.* édit. Huguenin, p. 200.

2 V. *Services des armes portatives.*

de bouches à feu commandées aux fondeurs messins, avait dû faire affirmer par son seigneur que ce matériel n'était point destiné aux ennemis de la cité (1414). Les auteurs de l'*Histoire de Metz* citent, huit années avant, une lettre par laquelle le bailli de Nancy essaie, pour le compte du duc son maître, d'éluder le paiement d'une assez grande quantité de poudre prêtée aux Lorrains pour le siége de Badonvillers. Mais les Messins répondent froidement que la somme leur est bien due et prennent le parti de se payer en retenant les $^3/_5$ d'une année de pension due par eux au duc.

Réné de Lorraine n'est pas plus heureux en 1488 lorsqu'il leur réclame, ainsi que nous l'affirme Paul Ferry en ses *Observations séculaires*, le bombardier messin, Didier, accusé d'intelligences secrètes avec sa propre personne.

Plusieurs faits contribuent à montrer que la cité avait fort à cœur l'instruction de ses bombardiers. Rappelons que dès 1414 et 1416, le trésorier *chaingeour* est autorisé à renouveler plusieurs fois certains achats de matière première « *pour essay de la science des maitres de bombarde.* » En 1467, la seigneurie messine persévère dans la même voie, car elle retient pour quelques jours un maître bombardier, nommé Nicaise, avec mission de faire à ses confrères en artillerie un véritable cours sur la défense des places et sur la confection des artifices, *pour monstrer de garder places contre eschièles et plusieurs aultres ouvraiges de feux.* Nous voyons encore, en 1473, allouer vingt-quatre sols pour *certaines espreuves.*

Ne rions pas trop de ces timides essais, c'est grâce à leur principe que nous voyons la cité conserver sa réputation de force militaire; c'est à force de les renouveler qu'elle arrive à une antériorité surprenante dans certains perfectionnements. Avant 1470, on emploie pour le service de ses serpentines des *lances* et *demi-lances à feu* qui pourraient avoir beaucoup d'analogie avec celles qui, il y a une quinzaine d'années, servaient encore de boute-feux dans notre artillerie de campagne. Enfin prenons bonne note d'un *compte des Sept de la guerre* de 1473, qui achète 120 livres de fer pour faire des *quareaux dedens les plommées*, c'est-à-dire faire traverser des projectiles de plomb par des fortes pointes de fer à quatre faces. C'était une sorte de projectile conique dont le tir devait être beaucoup plus juste. Le même compte alloue 14 sols au maître serrurier Pierson, pour *trois chevilles*, *un cul de fer et aucunes reyeures* à plusieurs *bastons* du pont des Morts. Faut-il voir là un premier germe de l'idée que l'artillerie moderne vient d'appliquer si heureusement aux canons rayés? Sans trancher la question, nous ferons ressortir sa possibilité. Dès 1498 d'ailleurs, on rayait des canons d'arquebuse en Allemagne.

Pour en revenir à notre sujet, le service des maîtres bombardiers comprend trois objets principaux qui sont : la fonte, la direction et la conservation des pièces d'artillerie.

Chacun d'eux a sous ses ordres un valet et plusieurs manouvriers d'artillerie. Les comptes du siége de Richemont [1] nous montrent dans quelle proportion ils concouraient à une entreprise de ce genre. Nous y voyons en exercice : 1° trois maîtres bombardiers que nous connaissons déjà ; Conrard, Collin le potier et Hans de Coblentz, avec une haute-paie d'un sou par jour en sus de leur solde; 2° leurs valets Simon, Pierre Nicolas et Petre de Moulins, à 12 deniers par jour ; 3° une douzaine de manouvriers d'artillerie jouissant de la même paie; 4° cinq maîtres en service extraordinaire à 2 sous par jour : le *vieux chatelain* d'Ennery; Jehan Houdebrand, châtelain de Vry et ancien bombardier de la cité ; Jehan *le bombardier de Toul*, Jehan de Boullay, et Nicolas de Fontoy qui devait figurer l'année suivante parmi les artilleurs de la cité. — Ces deux derniers sont plus spécialement chargés de faire *jouer les serpentines*.

---

[1] *Preuves de l'histoire de Metz*, tome 6, année 1484.

Aux alertes qui sont fréquentes, les bombardiers vont chacun de leur côté stationner jour et nuit avec leurs aides, soit aux châteaux de porte, soit aux arsenaux ou *grainges* de la ville, où nul autre qu'eux et les gouverneurs de l'artillerie n'a droit de pénétrer.

Ils sont secondés dans ce service de garde par les bombardiers des tours de métiers; beaucoup plus nombreux, ceux-ci peuvent être considérés comme une sorte d'artillerie bourgeoise; on peut évaluer sa force à trente-deux maîtres et à une centaine de compagnons.

Leurs fonctions se bornent au service de la tour de leur métier; ils ont également plusieurs aides. On ne voit bien apparaître cette sorte de milice qu'à la fin de la première moitié du quinzième siècle, mais elle doit être beaucoup plus ancienne. Si leur talent eût approché de leur zèle, c'eût été beaucoup, mais ils paraissent en général faire plus de bruit que de besogne, et se signalent surtout par un feu effroyablement nourri qui devait donner à l'ennemi une haute idée des munitions amassées dans la place; aussi n'éclate-t-il point de bouches à feu ailleurs qu'entre leurs mains, et les curieux doivent-ils se garer de leurs exercices.

Pendant l'été de 1516, les maîtres et les six de la corporation des huiliers vont s'exercer dans leur tour au tir de leur artillerie. Un de leurs projectiles va couper en deux une pauvre fille. Après s'être cachés quelque temps, les servants de la pièce reçoivent de la justice la permission de rentrer en ville. [1]

S'ils n'avaient pas le coup-d'œil des maîtres soldés, il serait souverainement injuste de méconnaître les services rendus par les bombardiers de métiers. Dès que l'horizon se rembrunit, chacun d'eux doit s'attendre à passer vingt-quatre heures sur quarante-huit dans un poste peu séduisant.

---

[1] Vigneulles, p. 295.

Ils sont fréquemment inspectés par les seigneurs du conseil, et ceux-ci ne se font pas faute d'imposer à chaque métier l'amélioration et l'accroissement de son matériel. En somme, c'était une immense ligne de défense bien entretenue sans frais aucuns pour la cité : son importance ressortira suffisamment de l'inventaire de 1508 que nous analysons plus loin.

Après les maîtres de bombardes, les bombardiers des métiers et les servants ou *gens propres à tirer bastons*, venaient encore les bombardiers de châteaux, compagnons vraisemblablement choisis parmi les servants et commis en temps de guerre à la périlleuse défense des petites places du pays. C'est d'ordinaire un maître bombardier de la ville, comme Gille le Liégeois qui, en 1444, est détaché à la forteresse de Vry.

Maîtres ouvriers. — Les besoins du service de l'artillerie occupent un certain nombre *d'ouvreys* en fer et en bois. Ils sont qualifiés de maîtres ouvriers de la ville et jouissent d'un traitement fixe indépendant du prix de l'ouvrage qu'on leur donne. Ce sont les forgerons, les serruriers et les maréchaux qui forgent les pièces, montent et ferrent les affûts. La confection des affûts, des roues et des manteaux regarde les charpentiers, les charrons et les rouyers. Viennent enfin les potiers d'étain qui coulent les projectiles de plomb; les paveurs et les maçons qui extraient et arrondissent les boulets de pierre.

Voici les plus anciens noms que nous ayions relevés sur les registres des comptes de la cité :

MAITRES OUVRIERS

En fer.

1413. Classequin le feivre.

1446. Quarillon le serrier.

1467. Hellfergin le serrier, Clausse le marchault.

1475. Classequin le serrier, Pieresson le serrier.

En bois.

1407. Stevenat le cherpentier.

1413. Andreu le cherrey, Jehan de Nancey, Jehan de Luverdung, Henry Widet le cherpentier.

1446. Poincignon le cherrier.

1467. Henry Graszecker, Hannes de Francfort, cherpentiers.

En 1488, nous voyons apparaître un maître salpétrier, Wauthier de Boy, *maistre salpetrys,* à vingt sols de gages par mois. [1]

Ce sont des charretiers ou *chertons* qui, requis selon les besoins du moment, attèlent l'artillerie. Il en coûte six deniers pour faire marcher une *wature de bombarde*, quand elle ne sort pas de la cité.

Le contingent d'ouvriers envoyés au siége de Richemont en 1484 se compose de huit charpentiers à douze deniers par jour; quatre ruwiers ou faiseurs de roues à quatorze deniers, deux xerriers ou serruriers, six maréchaux à dix-huit deniers, quatre maçons et douze chertons.

Couleuvriniers. — Nous avons dit déjà combien l'usage des armes portatives s'était rapidement répandu. A la fin du quinzième siècle, la cité et les villages de sa dépendance pouvaient mettre sur pied un millier d'hommes bien *enbastonnés,* c'est-à-dire armés de couleuvrines prêtes à faire feu. La chose est d'ailleurs peu étonnante. Un inventaire des armes trouvées chez les bourgeois de la ville de Troyes, que nous citons exceptionnellement pour les besoins de notre cause, nous montre qu'avant 1480 il était peu de petits citoyens chez lesquels il ne se trouvât une ou plusieurs couleuvrines de dix, douze, vingt ou trente livres pesant.

Outre cette multitude armée, la cité avait une compagnie régulière de couleuvriniers. Nous en trouvons trace pour la première fois dans les comptes de 1465 et nous avons tout lieu de croire qu'elle fut organisée vers 1449, date à laquelle la ville s'était attaché un maître spécial de couleuvrine, Deniset de Chairbone. Jusqu'au seizième siècle, nous ne voyons cette compagnie mentionnée que sous le nom des *dix colevreniez jureis*, ce qui porte son effectif au nombre assez restreint de vingt-quatre hommes en comptant deux maîtres

---

[1] Comptes du changeur.

et douze valets. En 1484, les compagnies ou *chambres* des couleuvriniers et arbalétriers reçoivent un règlement commun. Nous en retrouvons la teneur dans le tome VI des *Preuves de l'histoire de Metz*. Nous jugeons inutile d'en parler ici avec détails, car à part quelques différences dans le taux des amendes et l'obligation pour les couleuvriniers d'aller à l'enterrement ou aux noces de leurs camarades, la substance s'en trouve reproduite dans les nouveaux statuts de 1517, dont l'original se trouve encore aux archives de la ville (carton 12, liasse 15.) Voici l'analyse de cette pièce beaucoup plus intéressante que l'autre et reproduite d'ailleurs dans le même ouvrage.

« S'ensuyvent les ordonnances et articles *renouvellez*, en l'an mil cincq cens et xvij, par messire Francois de Gournais, chevallier, et s^r Phelippe Desch, escuyer, estans pour lors eulx deux seulx sept et gouverneurs de l'artillerie, comment ceulx de la compaignie des colevriniers de la cité de Mets, *portant les rouges robes de lyvrées*, se doivent entretenir et conduire ensembles. Et estoient adonc maistre d'iceulx colevriniers Mangin Thys et Claude le coustellier. »

Chaque année, « au jour de my Karesme, apres qu'ilz seront retournez de tyrer le *papegay*, avant que eulx asseoir à table pour marander, ils font deux nouveaux maistres des plus notables de la compagnie. »

Ces maistres, élus à la majorité des suffrages, paient cinq sols pour leur bienvenue et prêtent entre les mains des sept[1] commis à l'artillerie le serment suivant « assavoir qu'ils seront bons et loyaulx à la cité et qu'ilz tiendront ferme et stable tous leurs réglements. »

Les fautes de discipline sont punies par des amendes dont le montant est mis en la « *parnemaille* » ou caisse de la chambre.

Ils sont tenus de faire « leur monstre et reveue, » toutes et quanteffois qu'il plaira aux sept de l'artillerie. A cette monstre ils doivent

---

[1] C'est-à-dire des deux membres des sept de la guerre qui sont commis, etc.

avoir « *chacun une bonne colevrynne, pierres*[1] *et pouldre,* pour tirer chacun d'eulx du moings ung coup. »

« Ils sont acoustrez et armez de blanc harnois, comme il appartient honnétement chacun d'un hallecrect devant et derrière, ung avant bras, gorgerin, secrete et dague. » S'ils contreviennent à ce règlement, les Sept peuvent les punir « à leur bon plaisir. »

D'abord, tous les quinze jours, puis tous les mois, ils sont tenus à l'exercice à feu « pour tirer de leur colevrynne. »

Les dimanches, de quinze jours à autres, ils doivent marander ensemble. Cette collation « sera ligière et honneste sans trop grans frais. »

Ils doivent être « bons souffisans et expers, » être mariés dans la cité ou au moins y avoir demeuré dix ans. Les maîtres ne les peuvent recevoir sans l'agrément des Sept.

Chaque nouvel arrivant doit payer dans quinze jours dix s. pour le *profit* de la compaignie, douze den. *pour la bannière,* six den. pour leur serviteur.

A la première alarme, sans attendre « commandement de maître, » chacun doit se trouver armé, avec pierres et pouldre, aux ponts et aux portes de la ville, dans l'ordre qui suit :

Portes :	Serpenoise	3	Ponts : Berre de la Haute Seille.	3
	Saint-Thiébault	3	Id., Basse-Seille	3
	Meizelle	3	Pont Rengmont	3
	Alemens	3	Rimport (Barres de)	3
		12	Pont tieffroy	3
			Pont des Mors	3
			Moyen Pont	3
				21

Ce qui fait 33 couleuvriniers ou 70 hommes en comptant les valets et les deux maîtres.

Tous les trois ans, ils doivent faire faire à leur frais une nouvelle robe rouge de livrée, « *et icelles garder sans les porter communément ne fort souvent synon les dimenches et festes et quant ilz seront en commission pour la ville à quelque nopce, feste ou service.* » Ils ne les doivent vendre ni engager, de même que leurs armes et harnais.

---

[1] *Pierres* doit être pris ici dans le sens de *balles de plomb.*

Dès qu'ils sont en garnison ou sur pied de rassemblement, ils ont, « *oultre leurs gaiges acoustumez*, pour jour et nuit, 3 sols ; le jour seulement 2 s., et la nuit 12 deniers. Si la ville les nourrit, ils n'ont plus que 12 den. pour jour et nuit. [1] »

Il ne peuvent s'absenter ni se démettre sans le congé des Sept.

Ce sont les maîtres qui règlent leurs contestations ou disputes. — On punit d'une amende de 2 sols ceux qui « malgrient Dieu, la benoiste Vierge et les saints et saintes, ou parlent de ribauldises. »

Ils ont chacun un *varlet*.

Voici : « Le serement que les dits colevreniers font quant ilz sont receuz en la compaignie. »

« Ils jurent sur les sainctes ewangilles de Dieu qu'ilz serviront la cité de Mets, bonnement et loyaulement, envers et contre tous, et serouit obéissans à messieurs les sept de la guerre, leurs maistres, et à leurs commys et depputez ; s'ilz entendent aucunes conspiracion entreprinse mal, ou dommaige contre la cité en général ou en particulier, ilz en advertiront mes dits s[rs] dilligeamment. Se quelque effroy survyent, ils se renderont incontinent ès lieux là où ilz sont depputez et ordonnez et feront tout ce que mes dits s[rs] les sept ou leurs dits commis leur commanderont. Et en oultre, ilz entretiendront à leur loyal povoir, de point en point, tout le contenu es articles et ordonnances cy devant escriptz et déclairez selon leur forme et teneur, sans aucunement les enfraindre ne contrevenir.

Le nombre des couleuvriniers de la ville a plus que triplé, on le voit, à partir du seizième siècle. Auparavant en effet on n'entend parler que des *dix collevriniez jureis*.

Cette compagnie paraît avoir eu tantôt deux, tantôt un seul maître. Après avoir touché dans l'origine d'assez forts appointements, ceux-ci ne reçoivent plus qu'une trentaine de sols par an. Vers 1540 seulement, ils changent leur nom de *collevriniers* contre celui de *hacquebuttiers*. Longtemps préférée comme arme portative, la couleuvrine, par un échange dont la singulière ambiguité a trompé déjà plus

---

1 C'était déjà la solde qu'ont les couleuvriniers envoyés en 1484 au siége de Richemont.

d'un commentateur, devient alors une bouche à feu légère, tandis que l'hacquebutte, considérée d'abord comme pièce légère, devient à son tour le type primitif de nos fusils.

Il ne nous a pas été possible d'établir une bonne liste des maîtres de couleuvriniers. Citons cependant, d'après nos comptes de la ville : Pieresson le serrier et Cugnin le barbier, 1465-66 ; Jullien le serrier, 1467-68 ; Hannes de Ranconvalz, 1468-69 ; Collignon le tonneur, 1469-70 ; Poincelet le cherpanthier, 1470-71 ; Mengin de Foussuelt et Wiriat le tonnelier, 1475-76 ; Jaicomin de Briey et Jehan le masson, 1476-77 ; Simonet d'Aube le taillour, 1484 ; Jehan le caistain, 1488 ; Mangin Thys et Claude le coustellier, 1517.

CHAPITRE IV.

MATÉRIEL.

Bouches à feu. — Le *canon* doit être le type primitif de l'artillerie messine. S'il nous était permis de prendre au pied de la lettre les termes de la chronique dite de Praillon, nous en signalerions la présence à Metz dés 1324; mais, à défaut d'un texte tout à fait contemporain, nous pouvons avancer par analogie que les bouches à feu avec l'appui desquelles le sire de Bitche et *Guillaume* de *Vry* combattirent l'armée assiégeante des quatre seigneurs, étaient bien des canons, c'est-à-dire des tubes de fer assez longs et de fort petit calibre. Des documents positifs recueillis en d'autres villes sur la période antérieure à la vulgarisation des perfectionnements de Berthold Schwartz, c'est-à-dire avant 1356, nous permettent d'affirmer le fait.

Quoiqu'il en soit, le mot de canon semble pendant tout le moyen âge fort peu usité à Metz, où il ne reparaît définitivement que pendant la première moitié du seizième siècle.

En 1385, le maître Jehan Jennon est encore appelé maistre des bombardes et des canons.

En 1406, l'inventaire de la ville n'admet plus que des bombardes de fer ou d'airain de quatre calibres différents : le *gros*, le *moyen*, le *petit* et le *petit long* qui devait avoir beaucoup d'analogie avec le canon dont nous venons de parler.

Il n'est également question que de bombardes dans les comptes de la première moitié du quinzième siècle. Le bronze qui composait une partie de ces bouches à feu était un alliage de cuivre, de plomb et d'étain *(pottis)* dont nous n'osons trop déterminer la base car les achats mentionnés dans nos pièces justificatives (1413) sont trop minces pour ne pas faire supposer que la cité tenait en réserve d'autres quantités de *melle* ou métal. Après la fonte, deux anneaux de fer étaient fixés à la volée dans le but d'aider aux manœuvres de force. En 1436, la façon d'une grosse bombarbe ne semble pas être payée moins de cent à cent cinquante livres, ce qui est une grosse somme.

Après avoir été longtemps de mode et avoir formé la presque totalité des bouches à feu commises à la défense de la ville, la bombarde est, au commencement du seizième siècle, rejetée comme un objet inutile et détrônée par la serpentine employée concurremment avec elle depuis une soixantaine d'années. Philippe de Vigneulles nous raconte à ce sujet un fait assez curieux. A peine remise de l'attaque de Sickingen (1518), la cité résout de réformer son ancien matériel. On casse les grosses bombardes du palais dont la bouche antique était, au dire de notre chroniqueur, bien aussi grande qu'une demi-queue, ce qui suppose l'énorme diamètre de 50 à 60 centimètres, et leur métal, porté à la fonderie, est utilisé dans la confection de nouvelles bouches à feu.

Vers 1440, apparaît donc une nouvelle pièce de forme plus allongée qui est de plus en plus préférée à la bombarde. En 1446, la façon d'une serpentine de cinq cents livres se paie 12 livres 16 sous, à raison de six deniers par livre. Le prix d'une serpentine de fer n'est, en 1467, moindre que de dix sous; on en dépense trois pour la vernir et la peindre en rouge. Le minium est encore employé aujourd'hui comme première couche lorsqu'on veut empêcher le fer de se rouiller. La cité fait, en 1469, fondre une serpentine pesant plus de cinq milliers; la façon coûte à elle seule plus de 84 livres. On en faisait d'autres de fort petit calibre. Cela nous est prouvé par les 30 sols qui, en 1473, suffisent à payer l'affûtage et la ferrure de deux serpentines. En 1518, une serpentine de 280 livres coûte 28 livres messines.

Les perfectionnements introduits à cette date dans la fonte et le matériel de l'artillerie semblent fort émouvoir la seigneurie messine, car elle envoie une commission composée d'un rouyer, d'un soldoyeur et du maître canonnier François Drowet *pour veoir l'artillerie* de Zurich et de Bâle; leur mission dure dix-huit jours.

On parle en 1467 du *mortier* comme d'une bouche à feu connue déjà et on paraît sentir d'autant mieux son utilité qu'on fait en même temps affûter une vieille bombarde de façon à ce qu'elle puisse *traire en hault en manière d'engin*.

Le *veuglaire* existait aussi bien avant 1469, époque à laquelle en parlent nos pièces justificatives. Il en est d'ailleurs fait déjà mention pendant le siége de 1444. Cette bouche à feu paraît rivaliser de calibre avec les grosses bombardes; elle pèse jusqu'à 5087 livres et sa façon est payée 84 livres 15 sols et 8 deniers au maître Jehan le Noir, sur le pied de quatre deniers par livre.

Mentionnée pour la première fois, mais d'une manière peu certaine, dans la chronique du siége de 1444, l'hacquebutte ou *hocquebusse* ne paraît dans nos comptes qu'en 1467. En 1473 on se préoccupe beaucoup d'en augmenter le nombre, car on en fond cinquante à la fois; elles pèsent 3250 livres ce qui fait à peu près 65 livres pour chaque et coûtent 54 livres messines 2 sols et 8 deniers. Les tréteaux qui leur servent d'affûts valent près de dix livres. Les plus grosses hocquebusses étaient montées sur roues.

En général, le mot de *baston*, qui se rencontre souvent dans notre texte, peut s'appliquer aux bouches à feu de petit calibre que nos chroniques appellent aussi *petits bastons sur chariots* et même *pièces volantes*. On peut enfin faire rentrer dans cette classe quelques *grosses couleuvrines à crochet* fondues vers la fin du quinzième siècle.

Quand on compare l'inventaire de 1508 à celui de 1406, où n'entrent exclusivement que quatre espèces de bombardes, on est frappé des nombreuses complications qui se sont introduites dans la forme et la désignation des bouches à feu.

Gros calibre. — Courtal ou courtaul entier ou à deux chambres. — Veuglaire à une ou deux chambres. — Grosse serpentine. — (On voit que la bombarde a tout à fait disparu).

Calibre moyen. — Bombardelle entière ou à chambre. — Serpentine entière ou à deux chambres pesant de quatre à six cents. — Moyenne serpentine de 5 pieds. — Grosse hocquebusse sur roues ou sur tréteaux. — Gairet. — Petit veuglaire. — Grosse demi-serpentine.

Petit calibre. — Demi-serpentine. — Petite bombardelle à une, deux ou trois chambres. — Petit baston à deux chambres. — Hocquebusse moyenne ou simple, nouveau ou ancien modèle, à crochet ou sur tréteaux, sur roues ou sur charriot. — Grosse couleuvrine à crochet.

Armes portatives. — Couleuvrines d'ancien ou nouveau modèle, à crochet ou à main. — Hocquebusse à main.

Les comptes de Metz sont muets en ce qui regarde le détail des opérations de la fonte. Nous voyons cependant qu'en 1385 les frais du moule sont laissés à la charge du maître bombardier. — Un compte de 1413 cite, comme servant à retenir les différentes portions d'un moule de bombarde, cinq cercles *(saucles)*, six montants verticaux *(montains)* et une croisée *(cruxié)* qui permettaient sans doute de descendre l'appareil dans la fosse. — En 1494, un compte des *sept de la guerre* parle d'un moule de serpentine en cuivre *(molle de cuivre)*; il nous montre aussi qu'on savait déjà placer et renouveler au besoin des masses de lumière en cuivre pur. Cette dernière opération s'appelait *la reffection du pertus au bouter le feu qui est très grant.*

Les spécimens les plus certains de l'ancien matériel de l'artillerie messine sont, à notre connaissance, conservés au musée des modèles de l'école d'application et à l'ancien château de Mardigny.

A l'école d'application se trouvent deux chambres de moyennes bombardes en fer forgé d'un bon travail. Nous en avons fait un croquis réduit au quinzième environ de leur grandeur naturelle.

La première est évidemment la plus ancienne; elle peut appartenir au commencement du quinzième siècle, sinon à la seconde moitié du quatorzième. Sa forme, irrégulièrement massive, trahit par ses tâtonnements l'enfance de l'art. Six gros cercles sont forgés autour de cette chambre dont les parois ont un renfort prononcé à partir du troisième cercle jusqu'au point où ils se coupent pour laisser passer un bourrelet de moindre diamètre servant à l'encastrement de la chambre dans la volée. Cet encastrement était complété par une longue broche de fer mobile reliant le piton qui couronne le second cercle à un piton semblable fixé sur la volée. A chaque extrémité cette broche était maintenue par une cheville. La hauteur insuffisante du piton de la chambre, qui ne dépasse pas celle des trois derniers cercles, devait forcer la broche à un coude pour arriver au tenon de la volée. Nous avons essayé de donner une idée de cet assemblage par la coupe suivante.

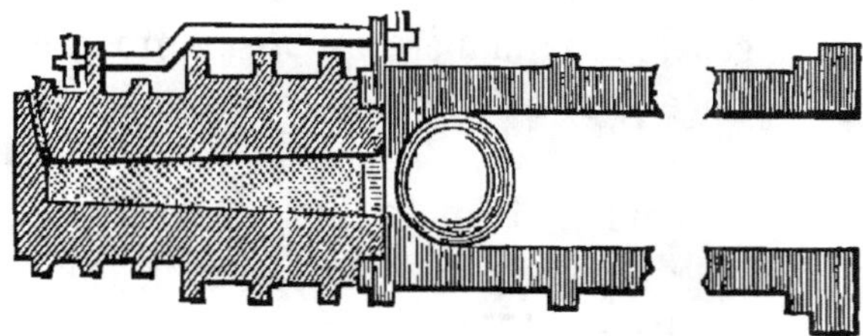

Les traits verticaux indiquent la volée, les traits obliques indiquent la chambre; celle-ci est remplie de poudre et bouchée par un tampon de bois contre lequel vient se placer le boulet de pierre. Pour plus de clarté nous avons figuré hypothétiquement la broche qui relie les deux tenons.

La seconde chambre est d'une facture beaucoup plus franche. Au lieu d'un tenon elle en a deux et sa saillie d'encastrement est beaucoup plus prononcée, ce qui indique un progrès dans la liaison des deux parties. Enfin la position même des deux pitons situés en dehors de la ligne de mire, ce qui n'existe pas dans l'autre chambre où le piton se trouve juste vis-à-vis la lumière, montre qu'on commence à se préoccuper du pointage.

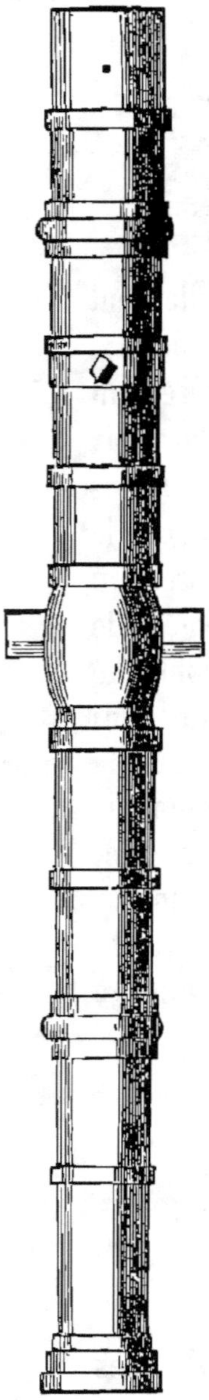

Voici les principales dimensions de ces chambres ou *boites;* nom qu'elles avaient, par parenthèse, conservé au village de Semécourt où elles servaient aux salves des réjouissances. Nous les considérons comme provenant de la maison-forte que possédait cet ancien village du pays messin. L'école d'application en a fait l'achat en l'année 1851.

N° 1. Poids, 63 kilg. 400 hg. Longueur totale, 430 millimètres. Diamètre de l'âme à la bouche, 70 mill.; au fond, 65 mill.; longueur de l'âme, 400 mill.. Les parois ont à la bouche plus de 60 mill. d'épaisseur, et le canal de la lumière est assez grand à son orifice pour qu'on puisse y introduire le petit doigt.

N° 2. Poids, 46 kilog. Longueur totale, 495 mill.; diamètre de l'âme, 45 mill.; longueur de l'âme, 475 mill.

La bouche à feu déposée au château de Mardigny nous paraît être une demi-serpentine de fer de la fin du quinzième ou du commencement du seizième siècle. Elle est munie de tourillons et renforcée par un certain nombre d'anneaux de différentes grosseurs. L'écusson de la cité de Metz se remarque près de la tête de culasse qui a 12 cent. de diamètre; celui de l'âme en a huit seulement. La longueur totale est d'un mètre 53 cent. Nous reproduisons cette bouche à feu d'après un dessin réduit au dixième et publié par M. Victor Simon, dans une *Notice sur Châtel-Saint-Blaise et l'Aqueduc romain.*

Noms et devises. — On était, paraît-il, dans l'usage de mettre une devise rimée sur chaque bouche à feu; en voici cinq dont le texte est arrivé jusqu'à nous :

I.

L'an XXXIII IIII^c et mille,
Fuz faicte, et m'appelle-on Habille.
Collignon Eroignat m'a faict faire.
Pour démontrer que je scay faire.

(*Hist. de Metz*, preuves, t. V, p. 396).

II.

L'an trente six mil quaitre cents,
Fus faicte pour useir mon temps
En la garde et pour la deffence
De ceulx qu'à Mets font offence,
Pour les pugnir et justicier.
Propice suis à tel mestier,
Et qui volroit scavoir mon nom,
Redoubtée m'appelle on.

III.

Je suis Redoutée nommée
Deffiant ceulx qui contre mets
Voudront venir à teste armée
Pour leur bailler mes entremets
Mil iiijclxxi.

IV.

Pucelle suis non violée,
Pour contredire fièrement
A gens cuidant, à la vollée
Domager Mets indehuement
Mil iiijclxxi.

(*Chron. mess.* p. 199 et suiv.)

V.

Gergon suis, serpent venimeux
Desirant par coups furieux
Ennemis de nous esloigner
Jehan le Noir, maistre canonnier
Et Conrard Coin, coadjuteur.
Eulx ensemble maistres fondeurs,
Me firent par terme prefix
Mil iiij° septante six

« Je suis faicte par l'ordonnance de Mess° Uemmery Renguillou, Regnauld le Gournaix et Nicole Papperel, en celle année sept de la guerre et de l'artillerie. »

(*Preuves de l'hist. de Metz*, t. VI).

On voit qu'outre ces légendes plus ou moins habilement rimées, mais dont nous avons trouvé peu d'exemples ailleurs, chaque bouche à feu recevait un nom propre selon un usage encore aujourd'hui en vigueur. Le lecteur aura sans doute remarqué avec nous qu'en 1436 et 1471, on fond deux bombardes du même nom. Celle de 1471 était de plus petit calibre et s'appelait *la moyenne Redoubtée;* les *Chroniques messines* nous apprennent qu'en 1483 elle contribua à la prise de Richemont avec une autre petite bombarde du nom de *Commercy*.

La bombarde *Habile* de 1433 était bien la propriété du seigneur qui l'avait fait fondre, car, en recourant à la même source, on voit son maître profiter des épreuves de la grosse *Redoubtée* (1436), pour faire tirer en même temps une *petite sienne bombarde*.

Affûts et voitures. — Sur quoi reposaient les premières bouches à feu? Elles étaient, comme nous l'avons avancé, d'un calibre fort léger, servies par un ou deux hommes et affûtées probablement sur deux tréteaux ou une pièce de bois creusée tant bien que mal. Lorsque la mode des grosses bombardes prévalut, ce qui ne devait pas tarder, on songea plus sérieusement aux moyens d'asseoir ces nouveaux engins.

L'ordonnance des Treize, que les *Chroniques messines* rapportent à la date de 1348, paraît la première expression du besoin de mobiliser les bouches à feu. On y parle des *cheiriats* d'artillerie comme d'une chose toute nouvelle. L'inventaire de 1406 en mentionne vingt-six qu'il divise en ferrés *xallés* (avec échelles) et non ferrés; il nous apprend encore que les bombardes avaient pour affûts des *teillers* (bois assemblés par des broches de fer ou *tela*).

A les considérer seuls, les comptes ne nous fournissent point assez de renseignements pour reconstituer la nomenclature complète des parties en fer et en bois de l'ancien matériel de la cité. Néanmoins ils nous permettent d'avancer que, dès 1413, certaines bouches à feu avaient l'équivalent de l'ancien *tellier* dans l'affût ou *fust,* sans roues, reposant sur des *chers* ou *cheiriats* faits exprès pour elles. L'affût consistait en un lourd assemblage de madriers de noyer ou de chêne munis d'anneaux destinés à faciliter sa manœuvre et sur lequel la bouche à feu était fixée par de forts *liens* ou bandes de fer; ceux-ci étaient de leur côté assujettis au bois par des boulons et des *osses* ou chevillettes. Le charriot était muni d'une paire de roues, d'un essieu (*exit*) et d'une limonière. Une cinquantaine d'années après, on semble avoir tout à fait rejeté l'ancien système;

il n'est plus question de *chariot* et c'est immédiatement sous l'affût appelé alors *demi-char* qu'on place les roues. Nous voyons une vingtaine d'exemples de ce genre en 1467. C'est le premier âge de l'affût moderne. Voici quels sont à peu près les prix moyens de ces *affustemens*, *adoubemens* et *ferremens* — ce sont les mots génériques — pendant la période qui nous occupe :

1413. Un char de bombarde, 40 sous. — Un fust, 8 sous.

1416. Bois d'un char de bombarde, 8 sous. — Transport du bois, 14 deniers. — Façon, 10 sous. — Une paire de roues et de limons, 12 sous.

1446. Affût d'une serpentine de fort calibre, 16 sous. — Ferrure, 24 sous. — Limonière, 2 sous.

1467. Une paire de roues, 8 sous. — Limonière, 2 sous. — Ferrure de deux affûts de bombarde et de veuglaire, 44 sous. — Ferrure de trois hocquebusses, 3 sous.

1469. Ferrure d'un gros veuglaire, 72 sous.

1473. Affût et ferrure de deux serpentines, 30 sous.

1494. Façon de l'affût d'une serpentine de 700 livres, 8 sous. — Deux roues et essieu, 12 sous. — Ferrure, 38 sous. — Affût de deux hocquebusses, 6 sous.

Projectiles [1]. — Le manque de documents ne nous permet pas de voir si les premiers projectiles ont été comme partout ailleurs de grosses flèches à fortes pointes nommées *carreaux*.

Au quinzième siècle, les pièces de gros calibres sont chargées à boulets de pierre extraits des carrières du mont Saint-Quentin, de Pontoy ou de Valiprey, arrondis au marteau par les maçons, et calibrés au moyen de patrons en fer. Les plommées ou projectiles de plomb sont réservées pour les petits calibres et les armes portatives. Le plomb revient en moyenne à 28 sols les cent livres.

---

[1] Voir pour tout ce chapitre nos pièces justificatives.

Un cent de petites pierres de bombardes portatives coûte 16 sols en 1416; une grosse pierre de bombarde revient à elle seule presque aussi cher, 10 sols. Ce prix élevé fait concevoir pourquoi on donne un sou pour tout boulet rapporté après une épreuve. En 1494, le cent de pierrres de courtault vaut encore 15 francs ou 9 livres messines.

Avant de partir pour un siége, on avait soin de choisir et de calibrer — *eslire et mettre à point* — les boulets de pierre les plus durs. Un patron ou modèle qui porte à Metz le nom d'*achantillon* servait à faciliter le contrôle. (*Compte du siége de Richemont*).

Pendant les trente dernières années du quinzième siècle, on cherche visiblement à remplacer les boulets de pierre par les plommées, même pour les forts calibres, et on remédie à leur défaut de consistance en les traversant par de fortes pointes de fer. La signification ambiguë du mot pierre qui s'applique indistinctement à des projectiles de toute nature ne nous permet pas de dire si la cité fit faire des projectiles de fer, vers le temps où Louis XI en ordonna l'emploi dans son artillerie. Nous ne voyons qu'en 1518 un forgeron livrer d'un coup 68,000 pierres de fer à 20 sous le cent.

Des projectiles incendiaires — *pieres de feux* — sont à diverses reprises mentionnées dans les comptes avec des détails assez curieux. Ceux que le maître bombardier Lallement fait pour le siége de Florange (1416) sont composés d'un amalgame de poix, de poix régales, d'étoupes et de suif, détrempés avec de l'huile, roulés dans des chiffons de toile, dans un morceau de peau de chèvre, puis ficelés et cordés avec soin. Nous passons sous silence et pour cause « d'autres estoffes qu'il ne volt mie nommier » dit mystérieusement notre texte en parlant de l'artificier.

D'après deux autres devis de la même année, on serait revenu sur ces premiers essais en les perfectionnant. Le camphre et l'arsenic (canfre et arxenicle) prêtent cette fois leur concours au suif et à la poix. Le chiffon de toile (linsuel) est remplacé par du chiffon de laine (fustenne). Enfin nous voyons apparaître une certaine boîte ou *buste de fer à getter* feu, qui, faisant corps avec ce nouveau projectile, devait augmenter sa justesse, sa portée et son effet. De plus, ces boules infernales sont maintenues par plusieurs liens de fer ou de cuivre rouge (*rouge-couivron.*)

Nous avons dit qu'en 1473 un maître, du nom de Nicaise, enseigne aux Messins la manière de faire des *lances* et des *demi-lances pour serpentines*. La brièveté de cette mention ne nous permet point de voir si elles étaient pareilles aux vingt-cinq *lances à jeter feu* que deux bombardiers font un peu plus tard pour 128 sous; celles-ci sont des tubes de fer blanc bourrés d'artifices et liés par du fil de fer.

Le paiement des matières nécessaires à la confection de cent cinquante fusées valant 33 sous le cent, nous permet, dès 1416, de voir qu'elles étaient composées : 1° d'un *fust* ou bois de flèche *empenné* à un bout et terminé en guise de pointe par un *fer de fusée*, tube creux d'où doivent jaillir les matières inflammables; 2° d'un sachet (sachas) en peau corroyée (pelz de corrion) bourré sans doute d'artifices, lié (loié) au bois de la flèche par du fil d'archal (filz d'archas) et mis en communication avec le fer de fusée.

L'image présentée par cette nomenclature offre assez d'analogie avec la planche d'un manuscrit de la bibliothèque de Strasbourg, qui représente une fusée du commencement du seizième siècle. Nous avons pu sur ces deux bases rétablir un croquis de la fusée messine.

En 1494, le maître bombardier Jacob expérimente,

devant une nombreuse assemblée, des artifices de sa composition. Le théâtre de cette épreuve est le Saulcy, et le laboratoire d'où sortent ses matières est l'officine d'un pharmacien.

Poudre et artifices. — A en juger par ce qui se pratique en même temps dans d'autres pays, le dosage de la poudre paraît à peu de chose près s'être toujours rapproché du dosage actuel. Nous ne nous étendrons point sur les imperfections de sa fabrication que M. le colonel Suzane a très-bien fait ressortir dans un récent mémoire. Nous nous contentons seulement de faire observer que dans le courant du quinzième siècle on connaissait trois sortes de poudres *(poure* ou *poulre)* plus ou moins grossières, dites poudre de bombarde, de couleuvrine et d'amorce. Conservées en *tonnelz* ou en *harenguières* dans les caves du Palais, elles sont réparties, dès que les besoins du service l'exigent, dans le premier récipient. Nous voyons pendant le siége de Richemont utiliser à cet effet jusqu'aux cuves à lessive *(cuves buweresses)*.

Les estoffes ou matières propres à la composition des artifices s'achètent en général chez l'épicier ou chez l'apothicaire. Outre le salpêtre et le soufre, citons parmi les plus usuelles la poix simple ou régale, le suif, l'huile, le camphre, l'arsenic (*arxenicle*) la térébenthine *(tormentine)* et plusieurs autres substances sur lesquelles on paraît garder un prudent silence. On trouvera un peu plus de détails sur ce sujet dans notre chapitre *Projectiles*.

Le salpêtre, le soufre et le charbon s'achètent à part, suivant l'occasion ou les besoins du moment, en quantités qui varient de vingt à deux milliers de livres; puis ils s'amalgament sous la surveillance des maîtres bombardiers. Quelquefois on achète la poudre toute faite: la livre vaut dix-huit deniers en 1469 et le cent coûte onze livres en 1518. La journée d'un poudrier se paie aussi dix-huit deniers. — Les matières premières se pilent d'abord dans des mortiers de cuivre, mais en 1473 la ville paraît si satisfaite des services que lui rend un moulin à poudre qu'elle en achète un second pour soixante sols. — C'est toujours le soufre vif qui est recherché; il vaut de six deniers à deux sous la livre, et de quarante sous à quatre francs et demi le cent. — Le charbon de saule, qui est seul employé, ne vaut, en 1473, qui six deniers la charretée. — Le salpêtre, qu'on éprouve souvent le besoin de recuire et de raffiner, se paie de six à treize francs le cent. La ville en achète de grandes quantités dans les vingt dernières années du quinzième siècle et prépose à leur manipulation un maître *salpetry* du nom de Watier. Il émarge vingt sous par mois.

Agrès, armements [1] *et canonnières.* — Les bouches à feu messines sont ou à *chambres* ou *entières.*

Dans le premier cas, on pouvait à son aise charger de poudre la culasse mobile appelée chambre, en boucher le contenu avec un tampon de bois, puis l'encastrer dans la volée qui recevait de son côté le projectile, et la prémunir contre les effets du recul par divers moyens sur lesquels nous n'avons point à insister ici.

Dans le second, la charge était introduite au fond de l'âme à l'aide d'un écouvillon porte-cuiller *(cuyelliez);* le tampon se plaçait à l'aide d'une *pique* dans le fond de l'âme et le projectile se refoulait à l'aide d'une *verge* ou *chasse de fer* ou bien encore d'un bâton de frêne. Les tampons sont payés au tourneur à raison d'un blanc pièce ou d'une vingtaine de sous le cent des plus gros.

Outre les *piques à mettre les tampons* et les *battons de fresnes pour charges de serpentines*, les servants sont équipés de sacs à charge ou sachets de peau corroyée *(corion)* et de leviers plus ou moins grands *(perches et menenaux)* « pour aydier autour de l'artillerie. »

---

[1] Voir pour tout ce chapitre le *compte* du siége de Richemont publié par les Bénédictins dans le tome VI de leurs *Preuves* (1483).

Devant la bombarde se place d'ordinaire un parapet de gros madriers reliés par des broches et des crochets de fer. Au milieu, un panneau se lève à force de cordes dès qu'on veut commencer le feu. Le nom de *mantel* est toujours donné à ce rempart mobile monté sur un train à grosses roulettes; pièce énorme dont l'achèvement exigeait bien cent cinquante journées de charpentiers et dont le déplacement ne pouvait s'opérer sans les efforts réunis d'une douzaine de manouvriers.

Outre les manteaux qui partaient avec le matériel de siége, il en était d'autres qui demeuraient à poste fixe pour couvrir les bouches à feu mises en batterie aux ouvrages extérieurs de la place.

Des trous ronds appelés *canonnières* servaient au tir de l'artillerie renfermée dans les tours. Ces canonnières affectent en général la forme d'un entonnoir qui va se rétrécissant du côté des servants de la pièce comme une lorgnette dont on a tiré les tubes. Cette disposition présentait l'avantage d'élargir le rayon visuel en offrant moins de prise aux projectiles ennemis; nous en avons surtout remarqué la trace dans un petit réduit fortifié qui défendait les approches de la porte des Allemands et que le génie militaire a eu la bonne pensée de conserver intact. C'est un spécimen excessivement curieux d'ailleurs des caprices artistiques qui pouvaient, au commencement du seizième siècle, concourir aux travaux de défense d'une place. Les cinq canonnières [1] dont le réduit en question est garni, présentent des sculptures semblables à celles dont, vers la même époque, les architectes italiens enjolivaient parfois les portes et les fenêtres. Quatre d'entre elles représentent d'effroyables ou

---

[1] Nous les avions dessinées, en 1856, dans une promenade faite avec l'éloquent biographe de *Francisque de Sickingen*, M. de Bouteiller. — Depuis ce temps une notice parue dans les *Mémoires de l'Académie de Metz*, nous a permis de reproduire purement et simplement le croquis de M. Bellevoye.

de sataniques figures qui semblent, en roulant de gros yeux, s'efforcer de cracher encore leurs projectiles. La cinquième, d'une allégorie plus saisissante mais d'un goût moins relevé, est une émanation directe de la grosse gaieté de nos pères. Elle représente un guerrier fort chevelu et fort déculotté dont le derrière menaçant se charge aussi d'annoncer la canonnade à l'ennemi. — Les gravures ci-jointes se chargeront d'achever notre essai de description.

Épreuves du matériel. — Dès que la bouche à feu était placée sur son affût et sur son chariot, on la traînait au *poids de la ville* où on vérifiait le déchet subi par les matières employées à la fonte, puis on tirait deux ou trois coups d'épreuve, ce qui ne se faisait pas sans donner une douzaine de sous pour le *vin des bombardiers*.

Le lieu choisi pour cette expérience paraît être d'abord le Rimport, c'est-à-dire presque l'emplacement occupé par le polygone. Dans la seconde moitié du quinzième siècle, les terrains vagues situés devant le pont des Morts paraissent préférés. Ces coups d'épreuve étaient tirés à boulets de pierre et on donnait, suivant un usage encore pratiqué, une gratification aux personnes qui les rapportaient. Rappelons que cette gratification équivalait au seizième du prix d'un projectile de grosse bombarde qui coûtait 16 sols en 1413. Il ne faut donc pas s'étonner d'un pareil encouragement.

Toutes ces épreuves n'étaient pas décisives. En 1446, on est obligé de refaire jusqu'à trois fois une serpentine.

En 1452, l'essai d'une bombarde et le transport de son matériel nécessitent l'emploi de quatre voitures; on paye deux sous à leurs charretiers.

Les bouches à feu paraissent tirer à d'assez grandes portées pour le temps. En 1429, les projectiles de grosses bombardes vont du pont des Basses-Grilles à la côte de Saint-Julien; en 1444, depuis Saint-Hilaire à la digue de Wadrineau et au Ban-Saint-Martin; en 1518, de Sainte-Ségolène au fort Belle-Croix. Philippe de Vigneulles dit (p. 38) que les deux grosses bombardes de Saint-Hilaire — sur l'emplacement du Palais de Justice actuel — tiraient jusqu'au sommet du mont Saint-Quentin en 1490, mais nous craignons que son patriotisme n'ait exagéré le fait et nous ne l'enregistrons qu'avec réserve.

Quant à la justesse du tir, elle paraît satisfaisante dans les rares occasions où l'artillerie messine parle un peu haut. On pourra consulter à ce sujet notre chapitre sur les services rendus en temps de guerre. Il est également à noter que les bombardes de la ville n'éclatent jamais.

Vigneulles nous a conservé le souvenir d'une épreuve qui ferait frémir d'indignation toutes nos sociétés archéologiques.

Le 15 juillet 1523, les Sept de la guerre font atteler un des gros canons de la grange d'Anglemur. Traîné par vingt forts chevaux, dans les fossés de la porte Serpenoise, il est affûté sous le pont contre une ruine de construction romaine qui avait été récemment découverte. Du premier coup, le boulet de pierre la traverse, malgré sa grande épaisseur, et va s'enfoncer dans un mur moins ancien. Le second projectile accomplit le même trajet et renverse un grand pan de celui-ci sans faire autre chose que traverser de nouveau l'antique maçonnerie, dont la solidité étonne fort les assistants.

Armes portatives. — La couleuvrine ou couleuvrenne est, au moyen âge, l'arme portative par excellence. Trompés sans doute par une acception plus moderne de ce mot qui s'appliqua ensuite à de vraies bouches à feu, nos historiens modernes se sont en général rendu un compte peu exact de la couleuvrine. C'est, d'après les rares monuments que nous avons eu occasion de voir, un tube à plusieurs pans de fer ou de bronze, long d'environ un mètre; les parois sont fort épaisses; la culasse est presque toujours ornée d'un écu destiné à recevoir une marque de propriété. Au-dessous de cet écu se trouve une lumière placée comme celle d'une bouche à feu. La culasse, prolongée de 20 centimètres environ au-dessous de la lumière, forme une espèce de logement où s'enfonçait une crosse en manche de bêche. Le canon, quand il est pesant, est muni d'un appendice ou *crochet* de même métal, qui devait, croyons-nous, servir à le fixer solidement sur une sorte de fourchette pareille à celles dont se servirent plus tard les arquebusiers. Autrement, le couleuvrinier n'aurait pu mettre le feu à son amorce. La description que nous venons d'ébaucher nous montre aussi qu'il était impossible au coulevrinier d'épauler; il tirait au juger, sans point de mire, en imprimant plus ou moins de déviations au manche de son arme. Ne nous hâtons pas cependant d'en conclure que son feu était incertain; un des plus intéressants voyages en Chine qui aient été écrits, celui du père Huc, je crois, affirme que les fusiliers chinois sont, sans autre moyen, arrivés à une précision surprenante dans leur tir à la cible.

Selon nous, la couleuvrine a dû apparaître à Metz, comme partout, de 1425 à 1435. Nous n'en trouvons aucune trace dans les comptes de la cité, parce que les frais de fabrication de ces armes portatives n'ont jamais été à sa charge, mais bien à celle des particuliers ou des corporations de métiers. Les *Chroniques messines* rapportent qu'en 1444 on fit faire des hacquebuttes et de grosses couleuvrines à crochet, mais *l'hocquebusse, hacquebutte* ou arquebuse de petit calibre ne paraît bien clairement comme arme portative qu'au seizième siècle, dans l'inventaire de 1508. Avant cette époque ce n'est, contrairement à l'opinion généralement répandue, qu'une bouche à feu de petit calibre.

Pendant que nous en sommes sur ce chapitre, réfutons une erreur accréditée par tous les ouvrages spéciaux. Elle consiste à parler d'une forme primitive de l'arquebuse en se basant sur une étymologie française qui n'existe pas. L'*arc* n'entra pour rien dans la formation du mot *Arquebuse*, c'est tout bonnement une corruption du mot Hacquebutte ou Hocquebusse, seul employé dans les textes du quinzième siècle, et qui est une dégénérescence de l'allemand *haken-bussen* (*haken*, croc, et *bussen*, canon). L'hacquebutte était une pièce d'artillerie légère, munie de tourillons, dont un croc dentelé, fixé sous la tête de culasse, facilitait le pointage. On en voit encore deux exemples au château de Mardigny.

Etablissements de l'artillerie. — Hors le Palais, dans les caves ou *voltes* duquel le salpêtre est soigneusement enfermé sous plusieurs clefs, et où sont exposées quelques bouches à feu de tout calibre (la chambre des Sept de la guerre était, par exemple, ornée de deux hocquebusses sur roues), tous les arsenaux ou *grainges* de la ville sont à portée des fortifications.

L'inventaire de 1406 nomme comme tels le grenier de l'hospice Saint-Nicolas, une grange sise derrière la porte du grand pont des Morts, et une maison qui faisait face à l'église Saint-Marcel.

En 1496, l'évêque de Liége était de passage à Metz. Une fois ses dévotions faites, il n'eut rien de plus pressé que d'aller voir *les artilleries* de la *grainge devant Saint-Marcel*, « car combien qu'il fust évesque, dit Aubrion, il les véoit volontiers. »

A peu près vers le même temps, le roi des Romains poussait aussi son admiration pour le matériel messin jusqu'à en demander le prêt au conseil de la cité; mais les bonnes raisons ne manquent pas à celui-ci pour éluder une demande aussi *estrainge*.

Le nombre des arsenaux s'était alors accru, car les textes contemporains citent les grainges nouvelles du Saint-Esprit et d'Anglemur, qui se trouvaient la première près des Clairvaux, et la seconde sous Saint-Arnould. — Un certain nombre de bouches à feu étaient en outre remisées chez les particuliers: c'est ainsi que les hôtels de Michel de Gournay, Wiriot Roucel et Papperel, se trouvent mentionnés dans un compte de 1496. (V. nos pièces justificatives.)

Faisons observer toutefois que ce nom d'arsenal ne doit pas être pris dans son sens actuel; c'est tout au plus si on y fabriquait de la poudre et des artifices.

Au mois de novembre 1518, les gouverneurs de l'artillerie achètent à Didion le prêtre, moyennant 36 livres, dans l'intention d'en faire une fonderie, une maison sise devant les Cordeliers, sur la rue qui porte encore le nom de *rue de la Fonderie*.

Nous ne croyons pas cependant que l'établissement d'une fonderie date de cette époque; un passage d'un compte de 1448 paraît déjà en désigner une. (V. les pièces justif).

Mentionnons enfin la maison de la Burlette, au haut de Sainte-Croix, qui servit en 1482 au dépôt de salpêtre; un grenier à charbon, placé derrière Saint-Sauveur; une armurerie et une forge qui devaient rendre quelques services à l'artillerie. Le *moulin à armures* était mu par la Moselle dans l'intérieur de la ville, et un incendie, dont parle Jehan Aubrion, permet de constater qu'avant 1491 le conseil de la cité avait élevé les bâtiments d'une forge pour l'exploitation du minerai qu'on récolte aujourd'hui sur le territoire d'Ars.

Approvisionnements. — Ils sont importants, constamment renouvelés, et donnent une haute idée de la prévoyance des magistrats qui ne pensaient jamais plus qu'en temps de paix à fortifier leur ville; aussi un chroniqueur messin exclamait-il, dès 1518, cet adage tant répété depuis: *Beata civitas quæ tempore pacis parat se ad bellum. (Chron. mess.*, p. 736).

En pareille matière, les inventaires sont les plus précieux documents à consulter. Or, il reste trace de deux inventaires d'artillerie. On ne trouve plus aux archives de la ville le plus ancien, dont les bénédictins, auteurs de l'histoire de Metz, nous ont heureusement transmis la teneur (t. 4 des *Preuves*). Nous y voyons qu'en 1406 le matériel conservé dans les trois grainges de la ville se composait de deux grosses bombardes d'airain, de dix-sept moyennes bombardes, de dix-huit bombardes plus petites, de neuf pièces de *chesse* de fer pour « geteir pierres de feu. » (Nous avons lu Chesse au lieu de Cheffe que porte le texte des Bénédictins, sans doute à la suite d'une erreur de lecture fort concevable du reste). *Chesse* est employé à la même époque ailleurs pour désigner la *chasse* ou volée dans laquelle venaient s'encastrer les chambres de bombardes ou de canons. Puis viennent deux milles sept cents projectiles de pierre, huit chariots d'artillerie ferrés et dix-huit non ferrés, quatre poulains ou brancards à roulettes pour le déchargement du matériel, deux manteaux, douze cents de poudre en neuf tonneaux, douze cent soixante-dix-neuf livres de salpêtre en cinq tonneaux, deux cents de soufre, et trois mortiers de cuivre pour piler la poudre.

En somme, c'est là un approvisionnement assez respectable pour le temps, car il est permis de supposer qu'à part trois bombardes qualifiées de *neuves* sur l'inventaire, tout se trouvait dans le même état à la fin du 14e siècle. Puis il n'en faut pas conclure non plus, comme l'ont fait MM. Huguenin et de Saulcy dans leur *Siège de 1444*, que ce soit là tout le matériel dont pouvait disposer la cité. Nous avons affaire, ne l'oublions pas, à une nomenclature partielle, car le Palais, les châteaux de porte et les tours, avaient aussi leur contingent d'artillerie. — Le manque de documents ne nous permet point d'avancer ici de chiffres nouveaux. Il nous sera permis du moins de les évaluer par à peu près, en compulsant un compte du changeur qui, trois ans après, en 1409 (v. nos pièces justificatives), constate la présence de trois bombardes à la seule porte Serpenoise, et d'une quatrième à la tour Sainte-Glossinde, qui en était on ne peut plus voisine. Si, comme un autre document de 1411 autorise à le faire, nous en supposons un nombre à peu près égal sur d'autres points aussi susceptibles de défense, nous réunissons sans efforts une soixantaine en tout de bouches à feu de divers calibres.

De 1413 à 1436 nous trouvons trace de la fonte de quatre pièces de gros calibre. C'est probablement de celle-là que veut parler le curé de Saint-Eucaire, lorsqu'à cette dernière date il dit qu'on exposa devant le Palais quatre belles bombardes à l'admiration des gens. Ce qui n'empêchait pas les seigneurs d'avoir leur artillerie particulière. Ainsi nous voyons Nicolle Grognat profiter des épreuves de la grosse *Redoutée* pour éprouver le feu de sa petite bombarde *Habile* (1434).

De 1440 à 1460, il est fondu encore un grand nombre de courtaux et surtout de serpentines. On peut à ce sujet consulter, outre les extraits des *Chroniques messines*, entre autres celui de la page 223, un grand nombre de mentions éparses dans les *Comptes du changeur* et reproduites pour la plupart dans nos pièces justificatives. En 1467 on fait faire beaucoup d'hocquebusses. Un mouvement inusité se produit dans l'armement de la place : on appréhende l'approche de Charles-le-Téméraire. Deux années avant, les métiers avaient reçu l'ordre d'ajouter des couleuvrines, des serpentines et des veuglaires à l'armement de leurs tours. Dix grosses bombardes et sept voitures de bombardelles vont renforcer le matériel des châteaux des portes [1].

L'année 1469 ne ralentit point cette activité. On fond des bombardes, des veuglaires ; on fait de gros achats de munitions, on recrute des bombardiers étrangers. En 1471 et 1476, nouveaux arrivages de munitions ; trois nouvelles bouches à feu sont baptisées des noms de Pucelle, de Gorgone et de Redoutée nº 2 [2].

Le coup de main du duc de Lorraine vient donner raison à tous ces préparatifs. Aussitôt l'artillerie des tours et des portes est passée en revue et augmentée encore. Pendant treize semaines une dizaine d'ouvriers poudriers travaillent sous la direction de deux maîtres. On accapare le plomb, le fer, le soufre ; on fait venir en un seul train quarante-cinq voitures de charbon. Charrons et serruriers sont constamment occupés aux réparations du matériel qui s'accroît à une fois de cinquante hocquebusses.

Une pièce intéressante — dont il ne reste plus aujourd'hui que la copie imprimée dans le tome 6 des *Preuves de l'histoire de Metz* — nous montre de quoi se composait en 1493 l'artillerie d'un château de porte comme celui du pont des Morts.

« *Au haut de la tour*, une grosse serpentine sur affût à roues, montée de ses agrès ; — *dans une chambre sur la*

---

[1] *Journal d'Aubrion*. — Comptes du Changeur.

[2] Comptes. — *Preuves de l'histoire de Metz*.

première terrasse, cinq coulevrines et six grosses hocquebusses dont quatre sur tréteaux et *deux assez portatifs ;* — *sur cette même terrasse*, un veuglaire et une bombardelle, sur roues, chacun à deux chambres. »

Une grosse hocquebusse sur tréteaux se trouve dans chacune des tours qui flanquent la porte.

Au *bas baille*, c'est-à-dire à l'ouvrage extérieur qui couvre la porte, se trouvent enfin une bombardelle sur roues et un veuglaire à deux chambres.

Total : cinq bouches à feu, huit pièces légères et sept armes portatives.

Un inventaire de 1508, également reproduit par les Bénédictins dans le tome 6 de leurs *Preuves*, et dont l'original est encore aux archives communales, nous prouve que le seul armement des tours et des portes de la cité exigeait alors 45 serpentines, — 21 courtaux, gairets et gros *bastons*, — 19 bombardelles, — 193 hocquebusses, — 233 coulevrines, — 1500 projectiles, dont un tiers de fort calibre, — plus de trois milliers de plomb, — cinq à six milliers de poudre, — trois milliers de salpêtre et un millier de soufre.

Nous répéterons ici, dans un autre sens, la remarque déjà faite à propos du premier inventaire de 1406. Ces chiffres considérables ne représentent qu'une partie des ressources disponibles, puisque l'inventaire du Palais et des granges ne s'y trouve pas joint. — On est d'autant plus autorisé à le croire, que les années 1477, 1482 et 1485, sont signalées sur les registres de comptes du changeur par des achats considérables de salpêtre (de deux à quatre milliers par an), achats dont l'équivalent ne se retrouve pas ici, même en tenant compte des guerres précédentes.

Malgré la période de décadence qui comprend les trente années antérieures à l'occupation française, il paraît que les approvisionnements furent toujours l'objet d'une attention spéciale, car le plus bel éloge qu'on en ait fait est parti d'une bouche royale que n'entrouvrait pas à coup sûr l'exagération du patriotisme messin.

En 1552, une lettre par laquelle Henri II annonçait l'occupation de la ville à M. de Selve, son ambassadeur à Venise, — lettre dont nous avons pu prendre copie, — affirmait, en énumérant les grandes ressources de la place, qu'il s'y trouvait plus de *cent grosses pièces d'artillerie*, *de neuf cents hacquebuttes*, et assez d'autres munitions pour *ne la perdre jamais s'il voulait*.

PIÈCES JUSTIFICATIVES.

Archives communales de Metz.

COMPTES DU CHANGEUR.

On ne trouvera ici que des textes inédits. Beaucoup d'autres non moins intéressants ont été donnés par les Bénédictins dans leurs volumes des *Preuves*, mais le cadre un peu restreint de cette étude nous impose l'obligation de renvoyer aux textes de l'*Histoire de Metz*, que nous avons pris soin d'indiquer.

1407 [1].

A maistre Stevenat, le cherpentier, pour plusieur sappe à deffaire et à reffaire et pour déchergier le cheif des bombardez.....

1409 — 1410.

Paieit à ung marchant estraingier le xxe jor du moix de may lan xiiijc et x pour iiijxx et v lbz de vis soufre (soufre vif) de ij solz la livre.....

---

[1] Nous reproduirions en tête de ce chapitre la lettre d'engagement de 1385, si elle n'avait été donnée *in extenso* dans notre chapitre III où le lecteur pourra la retrouver.

A Classequin le feivre, le xiij[e] jor du moix de descembre, à commandement des Sept de la guerre, c'est assavoir plusieurs oxes (chevillettes) et rondelles et pour rekoigner (reclouer) et remettre à point les fustes (affûts) des iij bonbairde de porte Serpenoize et pour une chaville de fert pour la bonbairde daieir la tor Sainte-Glossine.............................. xxxij s. viij deniers.

1411.

Paieit à Claussequin lou feivre (le forgeron) de la ville, le xve jour du moix de may l'an xiiijc et xi, v solz pour iij chaville de bombairdes à Pont dez Mour et iij sols pour une chaville de bonbairde à Pont Thieffroy et vj s. pour une grosse chaville pour la grosse bonbairde.

.... A maistre Jehan, maistre de bonbairde, le xiij[e] jour du di moix de novembre à commandement des Treses et des Sept pour sertain plaixir qu'il ait fait.......... x florins de xi sols.

1413.

Paieit à Burthemin, fil maistre Collairt qui fut maistre de bonbairde, le xxe jor de février l'an xiiijc et xiij, iij solz pour iij saichet qu'il ait fait pour metre de la poure de bonbarde.

.... A Perrin Dallehain, le marchant, pour ung cent et demy de couvre (cuivre), — à Hanry le Maigney pour ung cent de pottis (potée d'étain), et à Burthemin, fil maistre Collairt qui fut, pour despant fait à fondre la bonbairde.............. xi lbz xi solz.

.... Pour despent fait par les ouvrey le jor que on asaiont la nueve bombairde, iiij sols et ij sols pour lez ij piere qui furent rapportée.

.... A maistre Andreu le cherrey (charron), pour ung nuef chers (char) pour mettre la bombarde................ xl sols.

A Classequin le feivre, pour deux anel (anneaux) de fert pour mettre en la main de couvre de la nueve bombarde; pour v sauclez (cercles) et pour vi montains (montants) et une cruixié (croisée) pour lyer le mole de la bombarde et pour le plaicet à cult; et pour le viez lyen à remettre à point, et pour deux altres liens de fert et pour ung anel (anneau) à cul du fuste de la dite bonbarde, xl solz; et pour le cherpentier pour la fesson du fuste de la dite bonbarde.. viij solz.

....

Paiey le vij[e] jour de décembre à Symonat, maistre de bombairde, vj lbz, au commandement de s[r] Weriat le Gournaix, pour Sept (comme Sept de la guerre.)

.... A maistre George, maistre de bombairde, pour cez guaiges de ij moix.. c solz.

1414.

Paiey le xiie jour de may à maistre Jehan de Namur, maistre de bombarde, pour plusieurs estoffe qu'il avoit achetée à Clément l'espicier pour faire essay de plusieurs de cez sciences. xxxviij solz.

Item, paiey à la femme maistre George, maistre de bombarde, pour la moitiet du moix de favrier, le jour qu'il fut mors. xxv solz.

1415.

A Jehan de Gondrecourt, maistre de bombardes, pour son estaiez (échéance) de la Chandelloure.................. lbz.

1416.

A maistre Symon, maistre de la bombairde, pour son sallaire, x lbz... et fuit cassez le di jour.

A maistre Jehan, m[e] de bombarde, pour ses termes de S[nt] Martin et de la Chandellour............................ xx lbz.

COMPTES DES SEPT DE LA GUERRE.

1416.

Pour les pieires de feux que Lallement, mastre de bombarde, fist pour giter à Florebenge et pour un cheiriat pour mener la bombarde.

Premier paiey pour ij quartes d'olle (huile)........... iij solz.

Item, pour ij linsuels (draps de toile, linceulx).... iiij s.

Item, pour ij livres de xeu (suif)........... xij deniers.
Item, pour poix........................ ...... iij solz.
Item, pour estoppes (étoupes)................... iiij s.
Item, pour ij onces de ragal (poix-régale)........ ... iiij s.
Item, pour ij pelz de chièvre (peaux de chèvre)....... ij s.
Item, pour cordes............... .... xvi deniers.
Item, pour filz .... vj den.
Item, pour autres estoffes qu'il ne volt mie nommer. iiij solz.
Item, à Jehan Robin pour fer.................. xxj s.
Item, au charreton (charretier) qui amenait la bombarde, pour traire le feu (faire feu) dez le baille de porte Serpenoise jusques en Rinport.......... ij solz.
Item, pour boix pour faire le cheiriat........... viij s.
Item, pour amener le dit boix................ xiiij den.
Item, à Jehan de Nancey et à Jehan de Luverdun, cherpentiers, pour ovrer (ouvrer) on dit cherriat et pour enfuster la dite bombarde v jornées à ij solz le jour vallent.............................. x s.

A Poincignon le cherrier pour une paire de nueve ruee (roues) et pour une paire de limont pour le dit cherial............................ . xij s.

A charretons de l'Ospital (Saint-Nicolas), qui menont la dite bombarde devant Florehenge, con lor ont donnei de graice............................. ij s.

Somme cest article : iiij lbz iij sols.

....

Item, paiey à Clement l'espicier pour canfre et arxenicle (camphre et arsenic................... iij solz.
Item, pour ij onces de ragal.................. iiij s.
Item, pour une buste (boite) de fer à gitter feu..... iij s.
Item, pour ij pelz de chaivre et autre keur (cuir)... xx den.
Item, pour ij livres de poix.................. vij den.
Item, pour xeu.......................... vi den.
Item, pour cordes.............. .... viij den.
Item, pour fustenne (futaine).................. vi den.
Item, pour estoppes......................... vi den.
Item, à Classequin, le feivre, pour plusieurs ferrures. iiij s.

Et fuit tout (tout fut) pour faire dez essais pour Lallement, mastre de bombarde.

Somme tout : xviij solz v deniers.

....

Item, paiey au grant Jaicomin, pour canfre........ ix sols.
Item, pour arxenicle.... .... iij solz.
Item, pour iiij lbz de poix........................ xij den.
Item, pour une pelz de chièvre............ xiiij deniers.
Item, pour cordes.......................... ix deniers.
Item, pour estoppes......................... vi deniers.
Item, pour ung viez linsuel.................. xij deniers.
Item, pour oille............................ xij deniers.
Item, pour rouge couivron (cuivre rouge) ... viij deniers.
Et fuit pour faire des essais.
Somme cest article : xviij solz i denier.

....

Item, à Clement, l'espicier, pour une litre de tormantine (térébenthine) prinse par Jehan de Gondrecourt pour pour faire ung essais.............. ij s. vi deniers.

Item, paiey à Nicquelosse de Metry, le masson, pour eslire et mettre à point les pieres de bombardes et pour plusieurs autres ovraige.............. xxx solz.

POUR L'ARTILLERIE.

Premier paiey pour ung cent de fusées que Jehan de Gondrecourt ait fait, c'est assavoir :
.... pour ung cent de fer de fusées........... xvi solz.
Item, pour trois pelz de corrion (peaux corroyées).. iij solz.
Item, pour faire ung cent de sachas (sachets).. xviij deniers.
Item, pour filz d'archas pour lez loier (lier). ... ij s. vi den.
Item, pour une peille à oie de terre (poëlon de terre), pour une quarte d'aixil et ung bichat de breize (bichet de braise)........................... xij d.
Item, à ung vallet qui l'aidait trois jornée...... xij deniers.
Item, à Richart, l'arbollestrier pour enfuster et empanner lez dites cens fusées............... .... vi solz.
Somme : xxxiij solz.

Item, à Girart Galle et à Colignon du Waide pour demy cent de fusées qu'ilz ont fait et enfuster et empanner, iiij deniers pièce, vallent xvi s. viij den.

Item, pour demy cent de fer.................... viij s.

Item, pour coirion et filz d'archas et pour faire lez sachas. iiij s.

Somme : xxviij s. viij den.

Item, à Andreu Garselin, le masson, pour ung cent de petittes pierres de bombardes qui sont on grenier de l'ospital.............................. xvi solz.

Item, à Demangin Bromal, le masson, pour une grosse piere de bombarde de la paircire (carrière) Sainct-Quentin con li fist taillier pour assaier............ x solz.

Item, à Aubertin, le bouchier, pour deux gros chahetez pour mettre lez dites fusées............. xiiij deniers.

Item, paiey à iiij manouvriers qui minrent à point lez chers et lez autres choses en la grainge de la ville et pour aidier à chargier et à déchargier .... et pour mener en la grainge plusieurs viez fust de bombardes qui estoient par lez portes.................... xx s.

Item, paiey au Xolletey, le cherreton, pour plus sieurs woitures qu'il ait fait des choses devant dites........ xij s.

Item, au Bouchier, le Pavrour (paveur), pour cez poinnes de plusieurs pieres qu'il avoit lever à la périère (carrière) pour la ville.......................... x solz.

Item, paiey au menitre de la Trinitei pour ung gros chelnes (chène) conz ont achitei à lui pour enfuster dez bombardes .... xxxiij solz.

Item, pour ung disney pour les maistres de l'artillerie et pour les charpentiers, fèvres, arbollestriers, mastres de bombardes et autres ouvriers de la ville qui furent visiter par les pourtes et par lez tours lez artilleries de la ville.......................... xxv solz.

Somme : viij lbz viij solz x deniers.

1418.

A maistre Jehan, m[e] de bombarde, pour son estaie de la Pantecoste......................... x ltz.

1428.

Je Harment de Gladebach, mastre de bombardes, faix savoir et cognissant (notifiant) à tous que, comme je soie estez aux gaiges et on servixe de mess[re] le maistre eschevins, Treses jurez et communalté de la cité de Mets, pour certennes années, pour estre l'un de leurs mastres de bombardes, — duquel service et de tout ce que ad cause d'icellui service ilz povoient estre à moy tenu pour tous le temps passez que je lez ay servis et en or jusques aujourd'hui, — je cognois et confesse par cez présentes que mes dis seigneurs m'en ont bien paiez, contemptez et satisfait, et tant fait envers my (moi) que je m'en suis tenus et tien pour bien comptant et paiez. Et en aquitte bien par cez présentes mes dis s[rs] et tous autres à qui quitence en puet et doit appartenir pour tousiours mais. En tesmoignage de ce, je Harment de Gladebach devant dit ay mis mon seel pendant en cez présentes lettres de quittence que furent faites et données l'an mil quatres cens et vingt huict le quatorsième jour du mois de janvier.

(Le scel a disparu).

1431.

Je Jehan de Lanault, maistre de bombardes, fais savoir à tous que j'ay ehus et receu de mes chëers seigneurs le m[e] echevin, lez treses jurez et toute la communalté de la cité de Metz par la main de Jehan Laysné, chaingeour de la dite cité, la somme de cent solz de messains que m'estoient dehus pour le terme de Pasques darien passé ad cause dez vings livres de gaiges qu'ilz m'ont donneiz pour le service que je leur doie faire pour deux ans tant seulement que se doient paies à quatre termes l'année. Desquelx cent solz pour le dit terme et pour tous les autres termes devant passez, je me tien pour solt (soldé) comptant et paiez et en aquitte bien par ces présentes les dis de Mets, le dit Jehan Laysné et tous autres à qui quitence en appartient. En tesmoignaige de ce, je Jehan de Lanault devant dit ay mis mon seel plaquey en marges de cez présentes. Donné l'an mil quatres cens et trente et ung, le quars jour du mois d'avril.

(Voir pour le sceau, nos pages de planches).

1433.

Je Colart Jozel de Dynant, maistre de bombarde, faix savoir et cognissant à tous que j'ay ehus et receu de mes très chiers s^rs le m^e eschevin, lez treses jurez et toute la communalté de la cité de Mets par la main de Jehan Laisné leur chaingeour, la somme de sept livres et quinses solz messains que m'estoient dehues ad cause de mon service pour le terme de la S^nt Jehan Baptiste darien passsé. Desquelles sept livres et quinses solz pour le dit terme et pour tous les autres termes devant passez j'ay aquité èt aquitte par ces présentes mez dis s^rs de Mets, le dit Jehan Laysné et tous autres à qui quittence en appartient. En tesmoignage de ce, j'ay mis mon seel plaquey en marges de ces présentes. Donné l'an mil iiijc trente trois le darien jour du mois de jung.

(Voir pour le sceau nos pages de planches).

1436 — 1437.

Compe de mastre Collart le bomberdier.

Paiey au dit mastre Collart le ve jour de jullet l'an xxxvi et suit pour son sallaire pour le terme de la Sainct Jehan l'an dessus dit... .... vii lbz xv solz.

....

Item, paiey à la femme du dit maistre Collairt pour lez gaiges du dit maistre pour vij sepmenne qu'il ait fait depuis le jour de la S^nt Jehan l'an xxxviij et en jusques au jour qu'il morut.......................... iiij lbz iiij solz.

....

A Anthonne Richief, masure de bombardes, le xviij^e jour d'apvril l'an xxxvi pour le dairien paiement de la vij^e année qu'il devoit servir la ville........ xv lbz x solz.

Item, delivrey à Forcelle à deux fois par la main de Thiébaut son clerc, le xxve jour du mois d'aoust l'an xxxvi; et fuit pour le fait de la première bombarde et altre chose. cvi lbz xix s.

Item, paiey pour iiij cens de sallepetre (salpêtre) de vi lbz le cens le viie jour de novembre l'an xxxvi, xxiij ltz et pour le meneir ou pallaix avec altre sallepeltre qui estoit en l'osteit (l'hôtel) Jehan Layné et pour raicr lez serres (démenter les serrures) et remettre à point et refaire dez altres clef qui estoient perdues de la volte (cave) où on met le dit sallepeltre iiij sols vallent........... xxiiij lbz iiij solz.

Item, paiey à Jehan de Fourcelle le xxxe jour du moix de janvier l'an xiiijc et xxxvi à commandement dez Sept, et fuit pour le fait de la seconde bombarde.................. c lbz.

Item, paieit par l'ordonnance des Tresez à Jehan Forcelle pour et on nom de cez mastres lez sept de la guerre; et fuit pour le paier de la mette (du métal) pour la grosse seconde bombarde que on doit faire.................. c lbz.

Item, delivrey à Forcelle le xxiiij^{e} jour de décembre l'an xxxvij, à commandement dez sept; et fuit pour le fait de la seconde bombarde.................................. lx lbz.

1438 — 1439.

Item, paieit à Willame le tonelier à commandement du s^{r} Werry de Toult, le xvie jour d'aoust l'an xxxviij, et fuit pour relier (recercler) lez tonnel où gist le sallepeltre, pour iiij journées à ij solz vj den. la jornée.

Item, paieit au s^{r} Werry de Toult, l'amant, le xij^{e} jour de mairs ensuivant; et fuit pour iij cens et xliiij lbz de sallepeltre de xi francs le cent.

Item, paiei à Gérard Huneicourt pour xj cens iiijxx et ix lbz et demi de sallepeltre achitté le xvj^{e} jour d'apvrilz l'an xxxix; lxxviij ltz x solz, et pour le poix, x deniers; et à Willame le tonnellier pour le monner et cherrier dès le poix (dès l'endroit où l'on pèse) jusques en la volte du Pallaix, pour ces poinnes ix solz; en tout monter à.................. lxxviij lbz xix solz x deniers.

1441.

Je Anthoine Richiez, maistre de bombardes, fais scavoir à tous que comme je sois estez par plusieurs années on service de mez très chiers et honnorez seign^{rs} le m^{e} eschevin, les Treses jurez et toute la communalté de la cité de Mets pour eulx servir de mon mestier de maistre de bombarde moyennant certains gages qu'ilz m'en paroient chascun an. De ce est il que que je Anthoine devant dit congnois et confesse par cez présentes que mez dis seigneurs m'ont bien solts et entièrement paiez de tous mez gaiges et de toutes aultres choses dont ilz povoient à moy estre tenus, à la cause devant dite, de tout le temps passé et en jusques aujourd'hui datan de cez présentes que je suis esté mis hors de leurs gaiges. Et m'en suis tenu et tien pour bien solts, contenté et paiés et en acquitte bien par cez présentes mez dis s[rs] de Mets, la dite cité et tous autres auxquelx quittence en puet et doit appartenir pour tousiour mais. En tesmoignage de ce, je Anthoine devant dit ay mis mon seel pendant ad cez présentes et ay encore priez et requis à discret homme maistre Hennequin Warrin, notaire publique, en quel main j'aix toutes les choses dessus dites promises et créantées, qu'il vuelle mettre son signet manuel en marges de cez présentes pour cause de tesmoingnaiges. Laqueille chose je Hennequin Warrin devant dit ay faite à la prière et requeste du dit m[e] Anthonne. Ceu suit fait le dix huictiesme jour du mois de janvier l'an mil quatres cent quarante ung. Présens ad ce Poincignon Danielle le cherrier, et Symon d'Orchymont, ad ce especialement appelez et requis.

Signé : HENNEQUIN et WARIN.

(*Pour le sceau, voir aux planches*).

... Le xxviij may, ... pour viijxxxv lbz demie de sallepestre à x frans le cent.

Le xij jullet, ... C quatre vins xiij ltz demie, idem.

1446.

Paiei à maistre Jehan de la Courdelette, pour la façon d'une serpentine qu'il a fait, laqueile poise environ V cens lbz, à vj deniers pour libre, ... vallent........ xij lbz x s.

Item, paiei à Hanry Videtle, le cherpentier, pour l'enfuster la première sois xvj solz — et à Quarillon, le serrier, pour ferrure à celle première sois aussy xxiiij solz.
Somme............................... xl solz.

Item, paieit au cherpentier pour remettre à point le fust de la dite serpentine, quant elle fuit refondue la seconde fois v solz — et au serrier pour la referrer iij s. Somme... ix solz.

Item, paiei encores au cherpantier pour la dite serpentine renfuster à la troisième fois, quand elle fuit fondue xxij solz ... et au serrier pour la referrer xj solz. Somme.... xxxiij s.

Item, pour la dite serpentine ramener de la Fonderie et pour la remener au Poidz pour la peser et pour la mener au Pont des mors pour essayer et pour la remener.
Pour tout................................ iij solz.

Item, paieit à Poincignon le cherrier pour une corbe (jante) en une des ruees du cherriot de la dite serpentine vj den. et pour ung exit (essieu) et deux crattes (cercles de moyeux) xv deniers et pour deux pièces de chelnes (chêne).. v d.
Somme................................ xxvij den.

Item, paieit au dit Poincignon pour la fesson d'une lemonière pour la dite serpentine ij solz et pour remettre à point ung des gros chers xij d. iij s.
Somme la dite serpentine............. xvij lbz iij d.

1448.

Le viij may, ijciij ltz de sallepestre à viij frans le cent, viijxx lbz de souffre à vj deniers la libre, et deux tonnel à mettre dedans.

1449.

Acheté à ung marchant d'Allemaingne vjxx et ix lbz d'airain à xj deniers la libre.

1452.

Paiei à Jehan de la Barre, le cherreton pour iiij woitures qu'il ait fait de mener et remener une bombarde et dez pierres au pont dez mors quant ons en fist traire (tirer) par maistre Gille... .... ij solz.

Et paiei à Collin de la Grainge qui aydait a chargier et deschargier et prendre garde aux dites pieres et autres habillemens (armements) y appartenant x deniers. Somme. ij s. x d.

Item, paiei à maistre Gille le bombardier pour affiner certain remenant (restant) de sallepettre pour son sallaire et estouffes (ingrédients)............................ xv solz.

1467.

(Février.) ... Item, paié à maistre Nicaise, bombardier, pour sez despens pour certain temps qu'il dobvoit montrer de gardes plesses contre eschieles et plusieurs aultres ouvraiges de feux........................ xxv solz.

Item, paié à Jehans Le Noirs le bombardier pour certennes estouffes qu'il a fait venir pour faire des lances à feux pour le dit maistre............... .... v solz.

Item, donné au dit maistre Nicaise pour ses poinnes et pour le congier................................ xxv solz.

(Avril.) Item, le xe jour du dit mois paié à deux bombardiers de France qui ont présenté leur service à la cité... xij solz.

Item, le xiiij^e^ jour.... à ung marchant pour xixc et xxij lbz de souffrez qui sont mises en la volte desoubz les desgrez du Hault-Pallais lxviij lbz xviij solz vij deniers obole.

Item, paié à maistre Helfferquin de Trièves qui ait ferré une hocquebusse et ung mortier vij solz, et pour une pièce de fer et rouge collour (couleur) xx den. Somme. viij s. viij. d.

Item, paié encores au dit Helfferquin pour une serpentine de fer qu'il a fait et qui est mené en la grainge devant Saint Marcel.............................. ..... xij lbz.

Item, paié pour estouffez pour la vernissier (vernir). ij s. vj den.

Item, paié au charton qui l'ait mené au Ponthieffroy pour la faire tirer et assayer et la remener en la grainge de la ville. x d.

Item, paié à Wyllaume, le soyeur (scieur) de planches, et son compaignon, à ung chacun xiij journées qu'ilz ont soyez des tronsez (troncs) en la grainge de la ville pour faire des festes (affuts) de bombardes et de serpentines, pour chacune journée ij solz, vallent.................. lij solz.

Item, paié à maistre Hannes de Franckfort et à maistre Henry Graszecker qui ont ouvrez en la dite grainge et enfestés plusieurs bombardes et serpentinez à chacun xxxiij journées chacune de ij s. Vallent............ vj lbz vij s.

Item, paié à maistre Helfferquin qui ait ferrez les dites bombardes et serpentines, une partie du fer de la ville, lequel ouvrage a esté prixiez la somme de xxij frans.

Que vallent........................ xiiij ltz iiij solz.

Item, paié à ung cherton pour mener une bombarde dez Lombars en la grainge devant S[nt] Marcel et prendre une aultre bombarde en la dite grainge et la mener à la porte Saint-Thiébaul.......... .... xx deniers.

Item, paié à Perceval, le cherton, pour mener une grosse bombarde de la grainge de la ville au pont dez Mors pour la faire tirer par Conrard le bombardier et pour la remener en la grainge......................... xij deniers.

Item, pour mener une grosse bombairde de la dite grainge à la porte Serpenoize..................... vj deniers.

Item, encore pour mener une bombarde de la dite grainge à la porte Maizelle.................................... vj den.

Item, encore pour mener une bombarde de la dite grainge à la porte des Allemans........................ vj den.

Item, encore pour mener une bombarde au pont Rengmont. vj den.

Item, pour aller quérir plusieurs festes de bombardes au Ponthieffroy et les mener en la dite grainge... vj deniers.

Somme...................... iij solz vj deniers.

Item, paié à Crut le cherreton pour deux bombardes chergiés devant Saint-Marcel et menée à porte Serpenoize.

Item, pour une bombarde chergies au Pont des Mors et menée en l'ostel maistre Helfferquin.

Item, iij watures (voitures) de plusieurs bombardes chergiés en la dite grainge en menez devsnt l'ostel ledit Helfferquin.

Item, encores iij watures de mener bombardes au Ponthieffroy à la porte S[nt] Thiébault et à Maieelle.

Somme x watures chacune de vj den. vallent..... v s.

Item, paié à maistre Hannes de Francfort, le cherpenthier pour enfester (affuter) de son boix une vieille bombarde pour traire en hault en manière d'angins.......... xij solz.

Item, paié pour deux paires de ruees (roues) desobz ij bombardes au pont Rengmont.

Item, ij paires à la porte dez Allemans.

Item, j paire à la porte à Maizelle.

Item, j paira à la porte Saint-Thiebaul.

Item, ij paires à la porte du Pont dez Mors.

Item, une paira à une bombairde en la grainge de la ville.

Somme ix paires de ruees marchandées à Jehan Le Noirs chacune de viij s. vallent........... ..... lxxij solz.

Item, encores pour une lymonière à corbe (limonière à bouts recourbés) et une paire et une croste........ ij solz.
Item, paié à Clausse le marchault, qui ait remis à point des ruees et plusieurs aultres choses à la porte à Maizelle. ij solz,
Item, paié à un compaignon de Trièves, bombardier, qui ait presenté son service à la cité, pour sez despens en actendant sa response.................... viij s. iiij deniers.

1469 — 70.

Paie à Helfergin qui ait ferrez ung veuglaire.......... lvxij s.
Pour paier plusieurs ovriers qui ont ovré à faire bombarde. xxvj lbz.
A Jehan Le Noir, pour la fesson d'une serpenthine qu'il ait fait pour la cité.......... iiijxx iiij lbz xv s. viij deniers.
A Conrard le bombardier pour iijc et xix lbz de pouldre qu'il a vandus à mess[rs] lez septz de la guerre xviij deniers la libre vallent................. xxiij lbz xviij s. vj d.
A Jehan Le Noirs pour la fesson du veuglaire qu'il a fait pour la cité pezant v milliers iiij xx et vij lbz pour chacune libre de fesson iiij deniers vallent iiij xx iiij lbz xv s. et viij d.
A Henry de la Balle, soldiour, pour alleir quérir des bombardiers............................ vj lbz x solz.
A Martin, clerc de Niclaz, dez sept, paier les di bombardiers xviij lbz.

1471.

Le vxvj[e] jour d'avril, à Jehan Le Clerc, le marchampt, pour ung millier et xxiiij lbz de soufre de iiij francs et demy le cent qui valt....... .... xxvij lbz xiij deniers.
Le xviij may, à Jehan Roubert l'ennelz, le marchamps pour vj cens de souffre de iiij frans et demy le cent qui vallent.... xvj lbz et iiij solz.

1473.

Despences pour le fait de l'artillerie et ses deppendences.
Primo pour despens faiz en la grainge de la ville où l'artillerie, est depuis le jour de l'entreprise jusquez au viij[e] jour

ensuivant, deux bombardiers et trois compaignons pour la garde qui y furent nuit et jour.......... xlviij solz.

Item, à deux potiés d'estain qui firent les plommées nécessaires pour serpentines et hocquebuses où ils vaquèrent vij jours.................................. xxij solz.

Item, pour xxvj sacz de cuir à mettre pouldre...... xxxvj solz.

Item, paié en la grant sepmainne (la semaine sainte) à xij compaignons qui par vj jours entiers ont pilé poudre à xviij deniers par jour........................... cviij solz.

Item, pour demi-lances pour les serpentines.... xxiiij s. viij d.

Item, à ung mareschal demourant près porte Serpenoise pour avoir fait plusieurs ferremens d'enfustemens en la dite sepmaine.............................. xxxv solz.

Item, pour vj grosses broches de fer, rondelles, orses et bandes et autres choses nécessaires................. xxx solz.

Item, pour demy-lances portées par les portes........... ix s.

Item, en la sepmaine de Quasimodo à viij compaignons qui continuellement ont pilé pouldre par v jours entiers à xviij deniers par jour....................... lxxij solz.

Item, pour enfuster ij serpentines et les ferrer.......... xxx s.

Item, payé pour cordes de diverses sortes achetées par Comard... xij solz.

Item, plus en cordes, fil, poix et autres matières nécessaires aux bastons, achetées par le dit Conrard.......... . xx s.

Item, pour remettre à point le molin à piler pouldre que donna dame Perrette Roucel à la cité................ xx s.

Item, pour charbon acheté à recuire et affiner le salpêtre xxviij s.

Item, pour v cens de plomb à xxviij s. le cent......... vij lbz.

Item, à Pierresson, le service de Chambre, demeurant sur la place de Chambre, pour avoir ferrez trois affustemens neufz.... l solz.

Item, payé en la sepmainne finissant le iij[e] jour de may pour le salaire de v ouvriers à piler pouldre.......... xlv solz.

Item, payé pour ung molin neuf à faire pouldre et par marchié fait.................................... lx solz.

Item, payé à Henry des Faulx pour plusieurs ferremens par lui faiz en divers lieux es bastons et en fustz........ xxxij solz.

Item, à maistre Hannes, fèvre, pour ferrer deux bastons au Pont Thieffroy et avoir remis plusieurs bandes......... lv s.

Item, payé en la sepmainne commençant le xj^{e} jour de may à viij ouvriers qui ont pilé pouldre au dit pris....... lxxij s.

Item, payé pour xv chasses de fer à charger bombardes et serpentines... .... xiij solz.

Item, pour la fasson du manteau de porte Serpenoise tant à le faire que à le doubler cxxxix journées à xviij deniers par jour.................... x lbz viij solz vi deniers.

Item, pour viij sacs de cuir et vi charges de fer pour les serpentines...................... .... xiiij solz.

Item, payé à Michel le charpentier pour avoir enfustez quatre bastons (pièces légères) à Very et deux au Pont Thieffroy.... .... lxiij solz.

Item, pour cordes pour le manteau de porte Serpenoise. xx s. viij d.

Item, payé pour vixx lbz de fer pour faire des quareaux dedens les plommées (v. notre chapitre projectiles)...... xxvij solz.

Item, payé à vi ouvriers qui ont pilé pouldre en la dernière sepmaine de may au dit pris de xviij den. par jour liiij soltz.

Item, payé en la sepmaine commençant le iiij^{e} jour de juing et l'autre sepmenne à iiij ouvriers qui ont continuellement pilé pouldre en la grainge au dit pris de xviij den. par jour .... lxxij solz.

Pour ferremens d'affustemens.................... xlij solz.

Pour plusieurs enfustements................. ... xxix solz.

Item, aux deux bombardiers pour lxxvj journées qu'ilz ont vaqué à faire la dite pouldre .... cxv solz vj den.

Item, payé à François le sergent, pour le loyer de deux chauldières qu'il a prestées pour affiner le salpestrè en la grainge. x solz.

Item, à Conrard, pour plusieurs journées qu'il a, oultre les journées dessus dites employées à composer les matières de la pouldre........... .... xl solz.

Item, pour xij couvertes de fer a couvrir les bastons (le bas prix de ces couvertes nous donne à penser qu'elles couvraient seulement la lumière des pièces) .... xij solz.

Item, payé à Brouard de Commercy, pour vixx et x quareaux de fer à mettre es plomées...................... xxiij solz.

Item, à maistre Clauss le masson pour enfuster deux bastons en la tour Comoufle.......................... x solz.

Pour xiij cens de fer au prix de x s. le cent.......... cx solz.

Payé à Niclos le bombardier, pour avoir aidé à affiner le salpêtre et les matières à faire pouldre............... xxviij solz.

Item, payé aux charbonniers de Very pour xxij asnées (charges d'âne) et demie de charbon de Saulx qu'ils ont fait au Saulcy au prix de xviij sols la suée .. xx lbz v solz (*sic*).

Item, pour mener le dit charbon en ung hostel daier Saint Saveur xlv chers à ij s. vj d. chacun cher........ cxij s. vj den.

Item, payé à Pierresson le serrier (serrurier) pour ferrer une bombarde et ung veuglaire sur saint Thiébault.... xliiij solz.

Item, payé pour trois chevilles et ung cul de fer et aucunes reyures (rayures) à plusieurs bastons au pont des mors.. xiiij solz.

Pour xiiij lbz de cuivre pour garnir le neuf moulin à piler pouldre. xviij s.

Item, payé à cinq ouvriers qui ont pilé pouldre en la dernière sepmenne de jung à xviij den. par jour........ xlv solz.

Item, à cinq ouvriers qui continuèrent les deux premières sepmennes de jullet au dit pris............... iiij lbz x solz.

Item, payé à Martin le Biqote pour plusieurs miles (sic) hocquebusses par lui faiz .... ix solz.

Item, payé à Thielleman le tonnellier pour deux tonnettes neufves et remettre à point les tonneaux à la pouldre. xiiij s. ix d.

Item, payé à vj compaignons souldoyeurs de pié pour vj coulevrines qu'ils avaient rompues................ iiij lbz.

Item, pour plusieurs matières et estouffes à feu pour faire certainnes espreuves... .... xxxiiij s. viij deniers.

A Helfrekin pour ferrer trois hockebusses............. iij solz.

Item, à ung mareschal au pont des Mors pour plusieurs ferremens par li faiz en bastons.... .... xij s. vj deniers.

A Mangin le serrier, idem.................. ...... xxiij solz.

Item, payé pour deux disners faiz par les sept (c'est-à-dire les deux sept de la guerre élus gouverneurs) de l'artillerie en la visitant et plusieurs ouvriers avecques eulx.. xxxij solz.

Item, pour plusieurs despens faiz par les compaignons bombardiers visitant et mettant à point la dite artillerie. xx solz.

Item, pour xij sacs de cuir à mettre pouldre......... xij solz.

Pour enfuster la bombarde de Saint-Thiebaul et y avoir fait roues neuves.......................... ...... xxiiij solz.

Item, payé à Jehan le Noir et à Conrard, bombardiers, pour avoir fondues cinquante hocquebusses pesant iij milliers ij cent l lbz à iiij den. la livre. liiij lbz ij s. viij deniers.

Item, payé à Hannes Roch, et à Jehan Roch, et à Jehan de Brunelle pour les treteaulx des dits bastons. ix lbz xvj s. vj. d.

Item, payé à Jehan Lambelin, pour lij bastons de frasne (frène) a charger les dites hocquebusses à iij deniers pièce. xij solz.

Item, à la seconde fois qu'on fit refaire pouldre es mois de septembre et octobre à iiij compaignons qui y ont vaqué l'espace de xxviij jours à xv deniers par jour.. vij ltz.

Au grant Pierresson, le serrier, pour la ferrure des hocquebusses, chevilles, ourses (chevillettes) et rondelles prestes à mettre sur les chariotz........................... cx solz.

Payé à Andres le Rouyer pour xvj paires de roues pour les grosses hocquebusses............................ vij lbz.

1494.

Pour la fesson de iiij c piere pour les iiij courtaulx marchandez de chacun cent xv francs..................... 36 livres.

A maistre Jaicob le bombardies pour sertain estouffes qu'il ait eus en l'apoticairies au faire les feu approuvé devant messeigneurs, tout devant leur compaignie comme on salcis. 60 s.

Niant comptes (n'étant comptés pour rien) la pouldre sallepeltre et souffre.

Pour la reflection de la serpentine de Verei laquelle avait les pertus au boutes le feu très grant.................. 4 sols.

Changié à Thirion le Noirs bombardiers la malvoixe serpentine qu'estoit à Verei (Vry), pezant iiij c iiij xx x lbz, contre les nuefve serpentine qu'il avoit fait pour les cherpanthiers *(pour la tour des Charpentiers)* pezant vj c iiij xx xiiij lbz, renvoiés au lieu de Verei avec le molle de cuivre, — et dont la cité lui avait fait délivrer par Thiellement le chaudernier le serplux de la mette, nommément ij c et x lbz, et pour la fesson de la dite serpentine.... 16 livres 18 s.

Pour la fesson du fuste le dit baston.................. 8 sols.

Pour les ij rues et l'exis pour la dite serpentine........ 12 sols.

Pour le ferreement de la dite serpentine............... 38 s.

Pour les pezaiges des dessus dits deux baston...... 12 deniers.

Pour monner le boix duquel le fuste de la dite serpentine a esté fait de la grainge devant Saint-Marcel on Salcis de monner et ramonner la dite serpentine par deux fois à pont des Mors en la dite grainge et aprex pour la meneir à Verei et ramonner la vielle serpentine......... 15 s.

Verei et ramonner la vielle serpentine........ ... 15 s.

Pour le vin des bonbairdies le jour que la dite serpentine fuit délivré à m^{e} Jaicob à prouver (pour l'éprouver)........ 12 s.

A m^{e} Nicolas et m^{e} Jehan bonbardies pour appointiet xxv lances au jettes feu pour chacune 4 s............... 100 sols.

Payé en filz de fer et feulles de blan fer avec autres estouffe pour les dites lances.......................... 28 solz.

Pour referrer les artillerie qui sont menée tout en l'ostel messe Michiel le Gronnaix, chevalier, en la grainge de messe Wiriat Roucel, cher, et en l'ostel messe Jehan Papperel. 104 sols.

A xij compaignons bonbairdies et chairpentiers qui ont aidies a mener la dessus dite artillerie et lieu dessus dit et autre part...................................... 24 s.

Pour enfuster 2 hockeubusse sur les baires et une à pont Rengmont 6 sols.

Pour mettre une serpentine sur la volte de la tour Commofle 10 s.

TABLE

DES MÉMOIRES CONTENUS DANS CE VOLUME.

www.ingramcontent.com/pod-product-compliance
Lightning Source LLC
LaVergne TN
LVHW082354160826
845678LV00008B/1831

9782329766256